FRANCISCO BENÍTEZ AGUILAR

El Legado de
John Guntherson

1ª edición

ISBN: 978-1-4467-0478-3

Impreso en: U.S.A.

Impreso por:

El Legado de John Guntherson

A mi hijo Juan Benítez López.

.

Introducción

En la demolición de un viejo edificio en Adra, localidad costera perteneciente a la provincia de Almería desde 1834, desgajada del antiguo reino de Granada, en España, y cuyos orígenes se remontan al siglo VIII[1] antes de Cristo, tuve ocasión de rebuscar entre sus escombros, como suelo hacer cuando veo una excavadora en las proximidades de un caserón sentenciado. Lo hice con tal fortuna, que retiré de la basura, y recalco esto para que los posibles herederos sepan que no tienen ningún derecho sobre lo que han despreciado, unos legajos de actas notariales e infinidad de cartas, opúsculos y apuntes en hojas sueltas, que me han obsequiado con horas y horas de entretenimiento y de aprendizaje, en unos días en los que la enfermedad me obliga a permanecer en casa.

Extirpadas las tres arterias coronarias que alimentaban a mi endeble corazón y sustituidas por trozos de venas extraídas de pierna y brazo izquierdos, pude sobrevivir al trance, gracias al

---

[1] En el Cerro de Montecristo existen restos de la muralla fenicia y de viviendas datadas en esa época. Ver: www.cerrodemontecristo.es

saber y la pericia del equipo de cirugía comandado por el doctor Calleja, en el Hospital Virgen de las Nieves, de Granada y al mimo del personal de Enfermería de dicho centro. Descubrí el fundamental valor de la vida en sociedad, hasta el punto de que, frente al sufrimiento de una intervención, antepuse el gozo y el poder de los afectos, sentido en las oraciones que los Caballeros Templarios[2] ofrecieron durante esos días críticos en todas las Encomiendas y Tercias de España y alguna en América, al unísono, así como en la constante presencia de la imponente figura de San Juan de Dios, el santo *loco* de los pobres y enfermos, cuyos huesos se guardan en su Basílica granadina. A toda esa carga de energía, se añadió el apoyo cariñoso y permanente de mis hermanas y de tres amigos.

Consciente de que un corazón arreglado ya no es un músculo sano y que las perspectivas se acortan, tampoco eso me produce preocupación, sino paz.

Asumir la realidad vital y tener consciencia de lo limitado de esa realidad, ayuda a vivir con la meta puesta en dejar un buen recuerdo, viéndolo todo como un hecho lógico en la sucesión de las generaciones. Con esa perspectiva, disfruto como nunca de la lectura y de esas pequeñas cosas que me apasionan, casi todas relacionadas con la historia, la arqueología, las artes plásticas, el cine, la poesía y el teatro.

No dejo de hacerme preguntas trascendentales sobre si somos hormiguitas que perdemos el sentido de sociedad a medida que vamos creciendo, hasta convertirnos en ególatras y buscamos semejanzas con los dioses. Sigo con mi relato.

Yo había esperado a que los obreros que aún quedaban en la obra, dando los últimos zarpazos con las piquetas a los venerables muros, se fueran a comer en su descanso de mediodía. Sólo quedaba uno, sentado entre enormes piedras, a la sombra de

[2] El Priorato de La Orden Soberana y Militar del Temple de Jerusalem en España (O.S.M.T.J.) es, en la actualidad, una de las más numerosas y fuertes asociaciones templarias (O.S.M.T.H) de Europa, aunque no la única.

un muro que se resistía a desaparecer, dándole pellizcos a una barra de pan y cucharazos a una marmita llena de atascaburras[3]. A su lado tenía una botella de vino tinto de La Contraviesa[4], que entra en el gaznate con suavidad, pero que calienta una vez reposado, y que es imprescindible en las noches de trovos[5], junto a las habas y la tocineta.

Interrumpí al buen hombre en su banquete con mi saludo, y le pedí permiso para acceder a la escombrera. Extrañado, no sólo facilitó mi tarea, sino que me pidió que tuviera cuidado con los cascotes y con un tabique que se mantenía en pie, en difícil equilibrio, pero decorado con elegantes mosaicos, en otro tiempo espléndidos azulejos sevillanos, también destrozados, en los que se veían correlativas estampas de El Quijote, siguiendo las secuencias de la obra cervantina.

Entre aquellas ruinas, debió correr en alguna época; calculo que en el espacio de un siglo, entre 1840 y 1950, cierto regusto por la cultura y por la exquisitez en las formas, pero las herencias nunca se conservan intactas. Depende en qué manos caigan, florecen o desaparecen. A ésta le llegó su fin de una manera hiriente para los espíritus que la forjaron y para quienes conocieron su esplendor. Tuve la sensación de ser más el sepulturero que el albacea de todo aquello.

---

[3] Entre las recetas culinarias del término municipal de Adra figura el suculento y socorrido plato del 'Atascaburras', cuyos ingredientes principales son el bacalao, limpio, desalado y en migas, y el aceite, acompañados de pimiento rojo, ajo, pan y pimentón.

[4] La Contraviesa es la denominación de un hilo montañoso, lleno de ramblas que acaban desaguando en el Mar Mediterráneo, formando las últimas estribaciones de Sierra Nevada. Ahí, desde tiempos de los romanos, se han cultivado almendros y viñas que han servido tanto para consumo de mesa, como para la elaboración de vinos característicos de la zona.

[5] En las cortijadas de Adra está muy arraigado el folclore autóctono, en el que destaca el trovo, recitación en forma de quintillas en la que dos o más voces van enlazando versos, o contestando a su oponente en improvisadas rimas. También los romances forman parte de ese acerbo cultural, junto a bailes propios en los que parecen entremezclarse los soniquetes mudéjares con compases castellanos.

Un bloque de veinte viviendas de *alto standing* se levanta en el solar año y medio después, con fosforescentes letreros de 'Se vende" en cada una de sus plantas.

En la destrozada escalera, y ya esparcidos por el suelo, se encontraban otros azulejos, en todas las tonalidades de azules, que eran de lo más selecto de la cerámica portuguesa, con flores, ramas y querubines, aunque no contaban ninguna historia. De estilo manuelino, estaban allí como etiquetas de buen gusto. Los primeros podrían ser de finales del siglo XVIII, mientras que los del pretil acaracolado tenían, como poco, dos siglos más. En sus primeros tiempos, la casa debió estar ocupada por una de las familias de ascendencia genovesa que se afincaron en Adra.

Pero la imagen ya era distinta. Cumpliendo órdenes, los albañiles habían destrozado igualmente, cuatro columnas de mármol de estilo jónico, con capiteles mixtos de piedra blanca, que conformarían en su esplendor un coqueto patio de luces, a semejanza del *domus* de las casas romanas. Aunque no había ningún cartel que indicara la antigüedad de las piezas, pondría la mano en el fuego en asegurar que no eran coetáneas de la casa, sino de dos milenios anteriores.

El expolio de restos romanos en Adra ha sido brutal, y algunos coleccionistas locales no tienen el menor reparo en contar, como un triunfo, en rara mezcla de vanidad e insensatez, lo que ocultan en sus casas, sustrayendo a la localidad y al resto de los ciudadanos lo que pertenece a todos ellos.

Ánforas, figuras, utensilios y monedas de Abdera[6] se encuentran escondidas, sin que puedan servir de referencia histórica. Me cuentan que cierto profesor llevaba a sus alumnos al Cerro de Montecristo y les dejaba jugar y excavar. Al final de la visita, los niños entregaban lo que encontrasen al maestro, cuyo

---

[6] Aunque existen monedas púnicas, la ceca de Abdera tuvo su mayor esplendor en la época del emperador Tiberio, en el siglo I.

nombre y época ignoro, quien se los quedaba para sí. Eso es sólo un ejemplo.

El crecimiento de la construcción también ha tenido un negativo efecto en la conservación de ese patrimonio, porque los constructores han acelerado las cimentaciones y han volcado toneladas de hormigón ante el menor indicio de hallazgo, con la manifiesta complicidad de las autoridades, más preocupadas en recibir ingresos por licencias de obras, que de conservar y legar los testimonios de las raíces como población[7].

No distraigo más la atención. En la demolición de la citada casa, lo único que estaban aprovechando, aunque sin ningún respeto por lo que pudieron cobijar, eran una puerta y las robustas vigas, intactas, de las mismas maderas que se traían desde las Indias, para las cuadernas de los barcos que se construían en Puerto Real, en la provincia de Cádiz. Derribada y desvencijada, la enorme puerta de entrada, estaba semioculta por los escombros, pero se veían aún algunos clavos con rosetones labrados y el aldabón en forma de cabeza de león cubiertos por una pátina verde. Sólo el llamador era una auténtica joya de la fundición en bronce. Tal vez, esas maderas serían reservadas, como leña, para las cercanas fiestas de las hogueras de San Juan, que llenan de magia y buenos deseos las orillas mediterráneas de las playas de Adra, en esa noche en la que se hace balance vital y se quema todo lo inservible.

En Adra, además del expolio del lugar conocido como 'Cerro de Montecristo'[8], donde afloran restos de la antigua ciudad fenicia y romana de Abdera, ha sido casi tradición aprovechar las 'piedras viejas', -losas, lápidas, columnas, cipos y sillares de las

---

[7] Un edificio de cinco plantas se construyó en 2003, tapando un lienzo de muralla de la fortaleza que levantó la reina Juana la Loca, en 1505. Mis denuncias fueron inútiles.

[8] Nota en la página 197.

murallas-, en sucesivas construcciones públicas y privadas, borrando a ser posible, cualquier huella de épocas pasadas.

De mal humor, con un sentimiento de frustración que no se puede expresar con palabras, intenté recuperar al menos, alguna pieza o detalle para salvarlos de aquel despropósito en materia arqueológica e histórica. El mismo obrero tuvo el detalle, al ver mi expresión de tristeza, de dejar su comida y, con un cincel y un mazo, despegó con un cuidado que para sí quisieran los restauradores, seis azulejos cervantinos.

-Le gustan ¿verdad?, me dijo complaciente.

-Sí, son muy bonitos y tienen mucho color. Es una pena que estén tan destrozados.

-No se preocupe, que yo le arranco algunos y se los lleva, porque si se quedan aquí, irán directamente al vertedero. No crea que no se qué representan. No pude ir mucho tiempo a la escuela, pero aprendí lo justo sobre 'El Quijote', porque mi madre me lo contaba. Ella sí pudo aprender allá en el Barranco Almerín.

Un maestro iba a los cortijos y reunía en caserones a todos los niños de los alrededores, de los Pérez, de Gurrías, de La Parra[9] y allí aprendían las cuatro letras, porque bajar hasta Adra era complicado en invierno. Sólo en casos de enfermedad salíamos del Barranco, a lomos de un animal. ¿Sabe dónde está el Barranco? ¿Usted remanece[10] de aquí?

-Bueno, yo no soy de Adra, pero como si lo fuera, porque es fácil sentirse de aquí.

-Eso sí que es raro porque, según y cómo, aquí se acepta o se rechaza al forastero. Si le ponen la cruz es mejor que tire para Albuñol o Laujar. ¡Son muchos años de miseria, amigo! Casi

---

[9] Barranco Almerín, Barranco de Gurrías, Los Pérez y La Parra son núcleos rurales, hoy prácticamente deshabitados del término municipal de Adra.

[10] Con ascendencia o natural del lugar.

todo el que viene a Adra es para llevarse algo, y no digo que sea ése su caso.

Puse cara de sorpresa y de preocupación por esas palabras, pero comprendí el recelo y, en mi descargo, sólo pude pronunciar un socorrido "Hay gente *pa tó*", demostrando que incluso se me han pegado algunas expresiones de esta tierra.

-"Y que lo diga", me respondió, mientras el buen hombre retiraba los azulejos y los limpiaba con la manga de su camisa.

-Aquí los tiene. Sé que usted los va a cuidar.

Las palabras del obrero me llegaron al corazón e hice además de sacar alguna moneda de mi bolsillo.

-Ni lo intente. Pase y dé una vuelta entre los peñascos y lo que encuentre, para usted. Seguro que no habrá ningún billete pero, papeles viejos, todos los que usted quiera. En ese montón de ahí tiene donde leer.

Cualquier persona que pasara por allí, pensaría que yo era un pobre hombre -que lo soy-, buscando algún desperdicio entre las bolsas negras de residuos, que los incívicos vecinos, para no bajar los cuatro pisos del edificio colindante, lanzaban desde sus ventanas al improvisado vertedero. No se trata de eso.

Practico desde hace tiempo el reciclado selectivo, puesto ahora de moda en relación a las basuras, y no hay papel, revista o periódico antiguo, entrada de espectáculo, tarjeta postal o prospecto de medicamento que no guarde y seleccione, fruto de la enfermiza influencia que ejercen sobre mí los escritos del Doctor Thebussem. Si, además, en el fragor de la búsqueda, aparece algún objeto que me llame la atención, lo observo y, para qué engañarme, después de mirar a todas partes, por si alguien está observando, lo guardo para su posterior estudio y si es precisa, su reparación.

Gracias a esa estrategia luce en casa, sobre el mueble del recibidor, una pequeña figura de marfil, que encontré en otro derribo, sucia pero finamente tallada, representando a El Quijote, con una inscripción, que entiendo romántica, que dice: "Para ti, mi amor, desde la isla española de Guam". Como no pone nombre ni apellidos y nadie sabrá a quién iba dirigido el mensaje, me atribuyo el regalo e imagino que se lo entregó a mi bisabuelo una linda y dulce filipina de ojos rasgados, sonrisa transparente y piel suavemente bronceada, mientras le susurraba en chamorro[11], esa mezcla entre malayo, tagalo y castellano, antes de que, definitivamente, el archipiélago fuera abandonado por España en 1898.

La verdad es que mi abuelo estuvo en Filipinas y en Cuba, de soldado raso, pero no pudo traerse nada, salvo la desilusión de la pérdida de los territorios más queridos por la Metrópoli y la humillación de la derrota, fruto, no de la incapacidad de los combatientes, sino de la desastrosa política del 'sálvese quien pueda'[12] practicada en la capital del Reino en casi todos los periodos de la Historia, y así hasta nuestros días.

Algunas de las pocas personas que entran en casa, se quedan maravilladas por la esbeltez de la estatuilla de Don Alonso Quijano y, aún molestándome que anden curioseando en mis cosas, tengo que inventarme alguna historia sobre la procedencia de la pieza y los argumentos de la dedicatoria.

Refiero, a quien se atreve a pasar el umbral de la casa, viajes y relaciones en todo el mundo. La gente me escucha o creo que lo hace y eso, a pesar de las incomodidades de tanta intromisión en mi vida privada, me gusta.

Ahora, enmarcaré los seis azulejos con medias cañas de caoba y servirán de fondo a la figura de marfil.

Como en otras muchas cosas, en mis manías de coleccionista, de meticuloso, más bien quisquilloso en el orden inicial de la colocación de los objetos, libros y carpetas, y hasta en

---

[11] El chamorro es la lengua de la Isla de Guam y de las Marianas y alguna zona de Filipinas, con una gran influencia del castellano y algo de inglés.

[12] En la huida española de sus posesiones en el Pacífico, que se entregaron a Estados Unidos o se vendieron a Alemania, el gobierno olvidó incluir los nombres de todas las islas, por lo que no sería descabellado afirmar que aún España tiene algún territorio, ignorado, en los archipiélagos, aunque en manos del gigante norteamericano o integrado en Filipinas.

las relaciones sociales, tengo bastante del célebre Doctor Thebussem[13], coleccionista, extraordinario documentalista y escritor, muerto a mediados de febrero de 1918. Lástima que en estas dos últimas facetas –me refiero a la de documentalista y escritor – no llegara hasta mí su influencia. En definitiva, a la vista de los demás, yo entraría en el escalafón de loco de remate, con principios de síndrome de Diógenes.

Pero, este loco se entretiene leyendo historias y documentos, analizando los comportamientos sociales colectivos de este pueblo, por los que ha descubierto, entre otras cosas, cómo muchas de las propiedades que están en manos de terratenientes y mangantes diversos, son fruto de la usurpación y del engaño a los aparceros, a los pequeños labradores que heredaron el trabajo, pero no las tierras de sus antepasados. Así, veo con asombro cómo los herederos de los papeles, obtenidos en el confuso mar de las revueltas civiles de 1823, 1868, 1873 y 1936, expulsan de las fincas a quienes la labraron por generaciones, con tanta bondad que no se preocuparon de obtener ningún expediente de dominio, ni les importó otra cosa que sobrevivir en una tierra, en cuyos cortijos nacieron y vieron morir a sus abuelos y padres.

Allí, en el vertedero de escombros, como una estampa de lo efímero de la existencia humana, encontré en aquel montón de basura, el legajo que pone en su portada, escrito con tinta lila: J.G. y, a renglón seguido: 'Cartas y Documentos Privados'.

'Privado' es el anzuelo, trazado en lápiz rojo, que predispone a husmear. Si no tuvieran tal indicación, muchas carpetas pasarían inadvertidas.

La curiosidad provocó que lo primero que hice al llegar a casa, también un edificio del que hablaré en otra ocasión, fue

---

[13] Véase la biografía de Mariano Pardo de Figueroa, 'Doctor Thebussem, Obra, Tiempo y Tierra', por Paco Benítez Aguilar, (Cádiz, 1983), reproducida en el Boletín Oficial de la Academia Iberoamericana y Filipina de Historia Postal (Dirección General de Correos, Madrid, 1985).

ducharme, para quitarme todo el polvo adquirido en la escombrera, y abrir inmediatamente con avidez el legado 'J.G.'

La carpetilla color hueso, forrada de pellejo bien curtido, con restos de humedad reciente –quizás porque le cayó encima alguna bolsa con restos líquidos de comida- y con una guita que le daba una vuelta en forma de cruz, me sobrecogió, porque no es de un cartón habitual en un legajo, sino que tiene cantoneras orladas por unas iniciales borrosas, aunque si se distingue la 'G', y otros detalles que revelan buen gusto y un orden exquisito.

Dentro, otras carpetas tienen epígrafes sobre su contenido y una breve descripción, ya sea en español, inglés, francés y alemán, con el peculiar detalle de que también se hacen resúmenes en los tres restantes idiomas, según las carpetas, lo que indica que el poseedor del legajo era culto y políglota y que, en su entorno, había personas que dominaban algunas de las lenguas. Carece de sentido que un individuo se tome el trabajo de repetir textos en cuatro idiomas, si no lo va leer nadie más.

Cuando descubrí que las iniciales J.G. correspondían a John Guntherson, me surgieron las primeras interrogantes: Saber quién era ese señor, cuándo escribió y recibió esa correspondencia, si era fruto del trabajo de una sola persona, y los motivos por los que el legajo con su cartulario estaba en Adra.

Desconocía si el tal Guntherson o su familia llegaron a residir en Adra alguna vez. No me intrigaba el hecho de tanta traducción, porque presumí que debió ser una saga de comerciantes de azúcar, uvas o minerales, los tres pilares de la economía abderitana. Algo de eso había, pero aquella carpeta encerraba otras muchas sorpresas.

Es cierto que en el legajo hay secciones para cada uno de esos apartados, pero no existen excesivos números, ni datos de contabilidad que indiquen transacciones comerciales. A falta de éstos, sí hay abundancia de apuntes y anécdotas, revelaciones históricas sorprendentes, algunas disparatadas, otras inservibles a primera vista. Todas están reflejadas en un índice extenso y con sucesivos cambios de caligrafía y color de la tinta, de manera que se pueden distinguir, cronológicamente, los cambios de propietario del legajo o cuanto menos, el número de amanuenses o escribanos que estamparon su pluma sobre aquellos documentos.

A mi entender, está claro que es un legajo hereditario, mantenido por varias generaciones con primor, para ser sentenciado con pena de vertedero en cuanto se extinguió la línea sucesoria o los intereses de sus últimos propietarios han ido por otros derroteros.

A pesar del tiempo transcurrido, aún me quedan carpetas y documentos por leer, con enunciados tan atrayentes como 'Pleitos entre los municipios de La alquería y Adra', 'Ingenios azucareros y el poder local', 'La condesa y Kirkpatrick', 'Expolio en el Cerro de Montecristo', y otras que harían las delicias de los estudiosos de la historia local, pero éstas, con Adra como hilo conductor, son algunas de las que más me llamaron la atención.

Carpeta I:

La partida del Rey Baabdili.

Cuando vi el epígrafe de la carpeta, creí que en su interior me encontraría con una de esas novelas por entregas tan populares desde mediados del siglo XIX, curiosas como ejemplares para coleccionistas, pero rara vez continentes de obras maestras, aunque sirvieran para el mantenimiento de la cultura de la gente humilde. Pero no.

Al desplegar la cubierta, me encontré con apuntes que revelaban el interés de su poseedor por la Historia con mayúsculas, la historia menos conocida, tal como pude comprobar con su lectura y con la de otros episodios en los que Adra fue especial protagonista.

No entiendo por qué algunos de esos apuntes históricos no salieron a la luz y sí otros más nefastos para el recuerdo. Pero, al margen de lo que aprendí sobre la historia de Adra, gracias a la curiosidad de aquel benefactor coleccionista, supe que en el descubrimiento y conquista de las Indias, no sólo participaron guerreros ociosos, una vez terminadas las contiendas en el Reino de Granada, sino que en las sucesivas expediciones fueron mujeres en una cantidad cercana al diez por ciento de los hombres embarcados, con el objetivo preferente de 'hacer población'. Así se revela en numerosos documentos y en especial en la Cédula Real, fechada en Burgos el 23 de Abril de 1497, hecha por orden de Isabel y Fernando.[14]

---

[14] "El Rey y la Reina: Por la presente damos licencia e facultad a vos, D. Cristóbal Colón, nuestro Almirante del Mar Océano, para que podáis tomar e toméis a sueldo fasta el número de trescientas y treinta personas para que estén en las Indias, de los oficios e formas siguientes: cuarenta escuderos, cien peones de guerra e de trabajo, treinta marineros, treinta grumetes, veinte lavadores de oro, cincuenta labradores, diez hortelanos, veinte oficiales de todos oficios, treinta mujeres, que son todas las dichas trescientas e treinta personas."

En las Capitulaciones entre los Reyes Católicos y Boabdil, que están copiadas en la carpeta, Adra aparece de manera destacada[15], tal como se indica en el ítem tercero de las Capitulaciones, "E que sus Altezas puedan labrar é tener la fortaleza de Adra é otras cualesquier fortalezas é torres en la costa de la mar, donde quisieren é por bien tuvieren. E que si sus Altezas quisieren labrar la dicha fortaleza de Adra junto con el agua en el puerto de Adra, que en tal caso la dicha fortaleza de Adra quede para el dicho rey Muley Baabdili, después de reparada é fortalecida la dicha fortaleza que sus Altezas quisieren labrar en el dicho puerto á par de agua. E que en tanto que se labra y fortalece tengan la dicha fortaleza de Adra sus Altezas é que cosa alguna de la costa é gastos que entraren en la labor de las dichas fortalezas é torres que sus Altezas quisieren labrar é tener en la dicha ribera del mar, nin en la tenencia nin guarda de ellas non haya de pagar nin pague el dicho rey Muley Baabdili, salvo que todas las dichas rentas de las dichas tahas é tierras queden desembargadamente al dicho rey Muley Baabdili".

Adra quedaba como único puerto en el que el destronado rey podía mantener su señorío en usufructo, aunque los Reyes Católicos se encargarían de ordenar la fortificación de la villa, que pasaría a ser realenga en cuanto Boabdil decidiera, en los plazos fijados, abandonar definitivamente su señorío y último reducto de su poder, en Las Alpujarras, previo cobro de lo estipulado, siendo los Reyes Católicos compradores preferentes.

Coincidieron en el tiempo, el final de la guerra de Granada y los preparativos, laboriosos y llenos de negociaciones entre Cristóbal Colón, los reyes y los señores de Andalucía, crecidos por su contribución en la guerra granadina, a los que los monarcas pidieron su aportación económica, para cubrir los

---

[14] Texto de los acuerdos entre los Reyes Católicos y el rey Boabdil, en página 197 y siguientes.

enormes gastos del intento de llegar supuestamente a Catay por el océano de Occidente.

La rentable inversión en la aventura, convertida en descubrimiento de nuevas tierras, desató una euforia que afectó a todas las capas sociales del reino.

Cuando volvió Colón a España de su primer viaje, tratado como un verdadero héroe, los Reyes Católicos pusieron de manifiesto sus artes estratégicas, pidiendo al clero y a toda la nobleza su aportación para emprender nuevas singladuras a las Indias, controlando a la vez, minuciosamente[16], cada detalle de las nuevas expediciones[17], otorgando máximos poderes a Cristóbal Colón, pero encargando a otros navegantes nuevas expediciones a las Indias, a tierras distintas a las descubiertas por el genovés. A pesar de las concesiones, los reyes no querían que Colón monopolizara la conquista.

La reina Isabel y el rey Fernando tuvieron que hacer frente, por otra parte, al peligro de enfrentamiento con Portugal, que esgrimía derechos sobre todo lo que se hallare en el mar océano y, junto a las negociaciones, que finalmente terminaron en un tratado de reparto de lo descubierto y por descubrir, prepararon a la vez una flota con la que hacer frente a cualquier intención de apropiación por parte portuguesa. Nacía la Armada española, nada más y nada menos que con el nombre de Armada de Vizcaya, por haberse formado en Bermeo.

Creada para la guerra, la primera acción que tuvo que afrontar la Armada fue de paz: El traslado de la familia y más de

---

[16] El 23 de mayo de 1493, los reyes escribían a su secretario Fernando de Zafra, en Granada, y que durante algún tiempo estuvo en Adra en los momentos más cruciales de las negociaciones con Boabdil, para que buscase con destino a las Indias "veinte lanzas entre la gente de ese Reino" y además que vayan veinte hombres de campo y un acequiero, que no sea moro, que sean hombres seguros y fiables, porque en poco tiempo sabrán ellos facer mejor que otros".

[17] El cargamento que debían llevar las naves colombinas estaba indicado al detalle. Véase página 198.

un millar de súbditos del destronado Muley Baabdili (Boabdil, el Rey Chico), desde el puerto de Adra.

Aunque los Reyes Católicos no rechazaron la oferta del Duque de Medina Sidonia de tener lista una flota para ponerla a disposición de Sus Majestades, con destino a las Indias, o para enfrentarse, si llegase el caso, a la de Portugal[18], si trataba de impedir o aprovecharse de los viajes de Colón[19], los monarcas, que agradecieron el gesto del poderoso señor, optaron por encargar al florentino Juanoto Berardi, residente en Sevilla, la construcción de cuatro carabelas para apoyo de la colombina. Por otro lado, el objetivo real era tener una armada propia, aunque el término correcto, sería una flota en alquiler, contratada al experto navegante vizcaíno Iñigo de Artieta que, con la graduación de General, la formó, según se refleja en el documento de "Juramento y Pleito homenaje que hicieron el General Iñigo de Artieta y los Capitanes del Armada que se aprestó para las Indias en la villa de Bermeo".[20]

Firmado este juramento ante Alonso de Quintanilla, Pedro Covarrubias y Martín de Marquina, con el refrendo del Doctor de Villalón, se estructuró la Armada Real de Bermeo, conocida como 'Armada de Vizcaya'.

---

[18] "El Rey y la Reina: Duque Primo: Vimos vuestra letra, por la cual nos fesístes saber lo que habiades sabido del armada que el Rey de Portugal ha fecho para enviar a la parte del mar Océano a lo que agora descubrió por nuestro mandado el Almirante D. Cristóbal Colón. .../... Por ende vos rogamos y encargamos que estén prestas y aparejadas todas las carabelas de vuestra tierra, porque nos podamos servir dellas en lo que menester fuere" (En Barcelona a dos de mayo de 1493).

[19] El propio Cristóbal Colón tuvo noticias de las pretensiones portuguesas y lo comunicó a los reyes quienes contestaron el 1 de junio de 1493, "Vimos vuestra letra y a lo que nos escribisteis que supisteis de los navíos que el rey de Portugal envió, aquello es conforme con lo que acá sabíamos". En carta del 12 de junio, los reyes tranquilizan a Colón, comunicándole sobre las "buenas intenciones" del rey de Portugal, quien respetaría las islas y tierras descubiertas y que no enviaría ninguna flota. No obstante, los Reyes Católicos tomaron, por otra parte, sus precauciones.

[20] Véase nota en página 198.

Los primeros presupuestos de la Armada compuesta por una carraca de 1.250 toneles[21], cuatro naos de de 150 a 400 toneles y una carabela, quedaron hechos ese mismo día, en un documento que se guarda en el Archivo General de Indias, donde se indican, tanto el gasto ordinario para el sostenimiento de la Armada Real por un período de seis meses, como las vituallas y el mantenimiento.[22]

Ese mantenimiento durante seis meses de la Armada comandada por Iñigo de Artieta, suponía en total 1.957.000 maravedís, llevándose la partida más grande la vitualla y mantenimiento de los 350 hombres de la carraca capitana.

La nao de Martín Pérez llevaba 200 hombres; la de Antón Pérez de la Izola, 125; la de Juan Pérez de Loyola, 125 y la de Juan Martínez de Amezqueta, setenta hombres.

En total, una tripulación de 870 hombres, que percibirían un ducado al mes, descontándosele 15 maravedíes a cada uno para reparo y limosna de la iglesia de Santa María, de la villa de Miranda.

Al mantenimiento, había que añadir la soldada de todos ellos, por un importe total de 2.307.500 maravedíes, sin contar en esta cifra los sueldos de los capitanes, en los que se incluían los de capellanes y cirujanos y el sebo para sus embarcaciones, por un montante de 190.300 maravedíes.

Si a todo eso, se le suman los fletes de la carraca, las naos y la carabela, la Armada Real tenía un presupuesto total de 5.864.900 maravedíes.

La Armada de Iñigo de Artieta parte del puerto de Bermeo, después de pasar revista, tanto los barcos como sus tripulaciones, ante los enviados reales, entre el 12 y el 14 de julio de 1493 y, llegando a Cádiz, ya lista para intervenir en la defensa de la flota colombina, recibe instrucciones de los Reyes Católicos

---

[21] 10 toneles vascos equivalían a 12 toneladas andaluzas.

[22] Véase nota en página 198

para que se dirija a la costa de Granada, porque debía encargarse del "transporte del rey moro Muley Baabdili, y otros moros que se pasan con él a África"[23]

Pero había otro plan oculto. Aprovechando la prevista salida del Boabdil, según carta secreta del secretario real, Hernando de Zafra, la Corona pretendía invadir la costa africana de manera pacífica.

Según Zafra, se tenían los contactos suficientes en la otra orilla del Mediterráneo para efectuar la ocupación y lo que hacía falta era que los barcos de Artieta estuvieran en la fecha fijada en el puerto de Adra.[24]

A la vuelta de la expedición de inspección formada por familiares del propio Hernando de Zafra, trajeron a un jeque y a otros dos moros de Tabaharique, que venían a ofrecerla a los Reyes Católicos, "llanamente a consentimiento y voluntad de todo el pueblo". También venía otro moro, pescador de Tuente, que afirmó que si volvía con una armada de mil hombres, esa villa grande de Tremecem se entregaría, "porque están de ganas de darse".

La carta de Hernando de Zafra concluye "Cada día espero este despacho del rey Muley Baabdili y una hora se me hace mil años, y si su despacho de este rey y los navíos viniesen

---

[23] Los reyes escribían a Colón, refiriéndose a la misión de la Armada de Artieta y al encargo de trasladar a Boabdil: "Le tenemos prometido que a día cierto ha de estar nuestra armada en la costa de Almuñécar o allí cerca (*finalmente Boabdil decidió que fuera en Adra por ser la vía natural de La Alpujarra hacia el mar y lo más cercano a Laujar*) para lo embarcar; y parescenos vos no lo habéis de menester, porque si alguna otra armada hiciese algo contra vos, luego se proveerá como cumpla, con el ayuda de Dios y ésta podrá a tiempo volver."

[24] El 28 de julio de 1493, escribe Hernando de Zafra a los Reyes Católicos diciendo: A Vuestras Altezas escribí con un mensajero cómo enviaba el armada así por ver si podrían desbaratar a un cosario, que se llama Juan de Cádiz, como para ver la disposición de una villa y fortaleza del reino de Tremecen, que se llama Guardania" .. ·.. Fueron con esta armada Lezcano y Lorenzo de Zafra y un primo de Arriarán y un mi sobrino, hermano de Lorenzo de Zafra, en una galeota de Pedro de Zafra, los cuales recorrieron toda la costa".

con tiempo, y de esto fecho destas villas Vuestras Altezas fueren servidos, podríase por una vía facer dos fechos, llevar al rey Muley Baabdili y tomar las villas".

El 18 de agosto de 1493, los reyes urgen a Cristóbal Colón para que emprenda su nuevo viaje y le autorizan a que uno de sus barcos localice y persiga a una carabela portuguesa, si son ciertas las informaciones de que espera su partida, para seguir su rumbo. "pero mirad que los que les enviárades a la buscar que no toquen en la Guinea ni en la Mina que él tiene, ni la busquen por aquellas partes".

No querían los Reyes Católicos un enfrentamiento con el rey de Portugal, sino firmar cuanto antes la delimitación de aguas y territorios, insinuando que si los portugueses rompían ese pacto, -decían en su escrito a Colón-, "perded cuidado della, que luego se remediará bien, con la ayuda de Dios", pensando en la flota de Artieta, a quien el propio Colón, con el consentimiento real, indicó que no interviniera en el conflicto sin el conocimiento suyo o de los reyes.

Por prevención, los reyes indicaron a Colón que no pasara cerca del Cabo de San Vicente, en Portugal, "para que no sepan el camino que lleváis".

El 5 de septiembre de 1493, los reyes escriben a Juan de Fonseca, miembro de su Consejo y arcediano de Sevilla, indicándole que la Armada de Artieta ya está en Cádiz, pero con problemas, ya que debe cobrar lo estipulado en el contrato, y sólo ha percibido los primeros tres meses. Sus Majestades ordenan que, mientras el arzobispo de Granada reúne las cantidades pendientes para su pago, Iñigo de Artieta y su flota deben salir para Adra, "y allí mandamos que se lleve el dinero para acabar de pagar la dicha Armada por seis meses".

El secretario Hernando de Zafra sigue las gestiones en Adra, tratando de acelerar la marcha de Boabdil, reclamando el dinero necesario para pagar al rey moro sus propiedades. El 15 de septiembre vuelve a escribir a los reyes para informarles de la situación y les indica que si no hubiera sido por el retraso de la Armada de Artieta, "embarazado con el asunto de aquella armada de las Indias, aquí tendríamos poco que hacer, porque el rey Baabdili, tiene todo lo suyo recogido en Berja y Adra y tiene despachadas todas sus cosas y vendidos todos sus bienes, tras el día que murió su mujer, la reina".[25]

La preocupación de Hernando de Zafra se centra en la falta de dinero para pagar a Boabdil y a Iñigo de Artieta cuando llegase a Adra, tal como escribe a los reyes: "Del dinero no es venido más que los cuatro cuentos que trajo Montalbán", indicando que lo prometido por el Duque de Medina Sidonia no llegó, a pesar de haberle escrito Zafra veinte cartas.

Por fin, el secretario de los Reyes Católicos escribe una buena noticia desde Adra, el 2 de octubre de 1493: "Hoy miércoles, dos de octubre, acabé de cumplir con el rey Muley Baabdili y con los suyos, y el armada es ya pasada a Adra, y mañana, jueves, placiendo a Dios, me parto, y brevemente con mi ayuda se dará fin en este fecho como á servicio de vuestras Altezas cumple. El dinero se suplió aquí con ayuda de algunos, porque los siete cuentos del duque de Medina, ni el un cuento que monta la cobra en Sevilla, no son venidos; la plata les hice tomar pasta á pasta, con los *quibires* non pude, porque son muy malos; mas acá se buscó un trueque en que vuestras Altezas no perdieron nada, y se cumplió muy bien todo; en el conde (*de Tendilla*) hallé todo la que quise; en el arzobispo no busqué nada, porque certifico á vuestras Altezas que para comer non tiene, ni pieza de plata en su poder; á otros busqué , que no hallé.

---

[25] Zafra anunció a los Reyes Católicos la muerte de la reina Moraima en carta del 28 de agosto de 1493. diciendo: La reina, mujer de Muley Baabdili, murió y creo que aproveche su muerte para el servicio de Vuestras Altezas, porque su dolencia daba algún embarazo a la partida del rey; ahora queda más libre para facer lo que ha de facer".

Las fortalezas del Alpujarra están todas por vuestras Altezas, y el conde tiene puestas en ellas alcaides, personas de honra y cuerdas, hasta que vuestras Altezas manden proveer quien las ha de tener. Y porque de Adra escribiré á vuestras Altezas á la hora que este rey hiciere vela, y enviaré la cuenta y razón de todo lo fecho, por esto non alargo en esta.".

Por fin llegó el 3 de octubre de 1493, día en el que, con una muchedumbre apostada en la playa de Adra, se produce el embarque del rey Boabdil, su madre, su hermana y su hijo[26], además de nobles moros y así hasta un total de 1.130 súbditos, siendo despedidos por el propio secretario de los Reyes Católicos, Hernando de Zafra, el alcaide Hernando de Portugal, con hombres de armas formados pertenecientes a las naos de Iñigo de Artieta y a la guarda de la Villa. Mientras los primeros fueron acomodados en la carraca, los demás llenaron las naos y otras naves que se sumaron al traslado en un penetrante silencio, roto en cierto momento, por los llantos, a pesar de que el rey Boabdil había ordenado que se guardara la altivez y el orgullo andalusíes hasta en el desgraciado momento de la despedida.

En Adra quedaron más de setecientas personas con sus pertenencias personales en la playa, esperando otros embarques, mientras que por la playa de Almuñécar salieron miles de moros, estimándose que, en la primera partida y entre ambos puertos, la cifra se elevó a 6.230 andaluces.

A la tristeza por la partida de una tierra en la que nacieron y que fue la casa de sus antepasados, hasta contar treinta y seis generaciones, se unió un ligero terremoto que, según el propio

---

[26] La Reina Isabel, que se había alegrado de la marcha de Boabdil, sintió mucha tristeza con la partida del hijo de éste, a quien había tomado cariño, porque durante su larga estancia en Porcuna y Moclín, había dado señales de su interés por el cristianismo y por convertirse, como lo hizo casi todo su séquito, durante el tiempo que estuvo como rehén hasta el cumplimiento del pacto entre su padre y los reyes.

Hernando de Zafra, sólo produjo daños en algunas casas, que algunos interpretaron como una señal inequívoca de la desgracia en la que sumía a Andalucía la partida de su último rey.

A los llantos y alaridos por la marcha de Boabdil, tanto a bordo como en la playa, se unieron el pánico y las carreras por temor a las sacudidas sísmicas, rompiéndose el respetuoso silencio. No obstante, salvo un extraño oleaje, que duró apenas dos o tres minutos, el mar estuvo en calma, con una ligera brisa del Este y los barcos, tras virar a poniente, comenzaron a alejarse poniendo sus proas rumbo al sur.

Dictadas por los Reyes Católicos, órdenes para que no se pusiera obstáculo a quienes quisieran salir hacia las costas africanas, Iñigo de Artieta estuvo desde octubre de 1493 a enero de 1494, haciendo negocio, transportando gente a Melilla y Cazaza, y aprovechando las travesías por el Mar de Alborán en prácticas de corsario, por licencia de los Reyes Católicos.

En febrero de ese mismo año, ya están los vascos, de nuevo en Cádiz, con algunas dificultades por su excesivo celo en *limpiar* el Estrecho, las enfermedades de las tripulaciones y la falta de pago de las mensualidades reales, según escribía Zafra: "En el Armada de Vizcaya, especialmente en la carraca y en la nao de Fagaza, falta casi la mitad de la gente a causa de la pestilencia que en ella ha habido, y continuamente me quejan por su paga, y acá no se halla remedio para ello, pues yo no puedo con obra, cumplo con ellos lo mejor que puedo con palabras, Si vuestras Altezas fueren servidos, será bien que con tiempo se provea en su paga, porque con palabras no se puede esto sostener por mucho tiempo."

Poco después, el 25 de febrero, vuelve a escribir Hernando de Zafra a los reyes: "Con Artieta y con los otros capitanes se cumplió toda la paga de tres meses, y asimismo con Artieta el un cuento de los dos, porque se compraron los dos tercios de su carraca: Débese grandes partes de estos dineros, porque estoy yo obligado a pagar a lo más tarde de aquí a fin de abril; el arzobispo escribió sobre ello a Vuestras Altezas, y algo dello se pensaba remediar destas cuentas: Suplico a Vuestras Altezas lo manden remediar, porque yo cumpla con lo que debo."

Los quebraderos de cabeza que Iñigo de Artieta y sus capitanes produjeron a los Reyes, por denuncias sobre prácticas de piratería, hicieron aconsejable alejar a la Armada de Vizcaya de las aguas del Estrecho, por lo que se le encomendó una nueva misión en las Islas Canarias.

Otros apuntes que acompañan en la carpeta a esta descripción de la salida de Boabdil, el último rey andalusí, por el puerto de Adra, se refieren a las cuentas de Iñigo de Artieta y a los negocios que la familia de Hernando Zafra y él mismo, hicieron con los bienes de Boabdil y su séquito, comprados, unos en nombre de los Reyes Católicos, y otros a título personal para ellos o para los nobles de Granada.

Si el legajo deja bien patente la importancia que en el final del reinado de Boabdil tuvieron Adra y su puerto, la descripción del siguiente cartulario, con señales de haber sido leído muchas veces, por el desgaste de sus extremos inferiores, supuso para mí todo un descubrimiento, porque en los tratados de historia, el asunto y su vinculación con Adra no se tocan, o se hace de manera fugaz, cuando no tergiversadora.

Adra, tengo que confesar mi opinión, nunca debió perder su vinculación administrativa con Granada, porque su integración forzosa en la provincia de Almería, con la modificación territorial de 1834, no le ha favorecido, como tampoco favoreció a La Alpujarra su desintegración, repartiendo su territorio en dos provincias.

En esa lucha de intereses, la villa abderitana sufrió, además del interesado olvido, el desmontaje de la tradición de su importancia como sede episcopal, sufragánea, junto a las de Medina Sidonia y Cádiz, de la de Sevilla, en tiempos del I y II Concilios Hispalenses. Si desde el siglo VI se ensalzó su existencia, a partir del XIX, el objetivo de los historiadores ha sido desmontar cualquier argumento que lo sostuviera.

Sólo la insinuación de que esa tradición milenaria situaba al puerto de Adra como el de llegada del Apóstol Santiago y de los siete Varones Apostólicos, que luego introducirían la Fe cristiana en España, con la creación de los primeros 'obispados', produce un sentimiento de culpabilidad chovinista, que hace que pocos se atrevan a plantearlo en público. Pero los hechos y la tradición están ahí, en Guadix, Granada, Berja y otros muchos puntos.

FRANCISCO BENÍTEZ AGUILAR

Carpeta II:

Las cartas del morisco Abén Daud

John Guntherson se tomó el trabajo de transcribir de su puño, lo que el cronista de la rebelión de las Alpujarras, Luis de Mármol y Carvajal, relata sobre un libro de El Corán, junto a historias andalusíes y dos cartas que, en su huída, perdió el cabecilla morisco Aben Daud[27] y que fueron traducidas al castellano por su amigo, el licenciado Alonso del Castillo[28] quien, además, pasó a romance muchos textos escritos en árabe, entre ellos, el primero que en castellano cita a la villa de Adra, tras volver la población a su primitivo emplazamiento junto al mar, y caer en decadencia la alquería andalusí conocida como Adra la Vieja[29].

Guntherson, que debió ser un gran estudioso de las historias y costumbres andaluzas, sin llegar a poner en cuarentena el texto de Mármol, da por cierto los hechos, anotando, no obstante, las artes empleadas por Alonso del Castillo para engañar con falsos escritos a los moriscos, tal como se señala en la carpeta sobre Don Juan de Austria.

Alonso del Castillo, que pasó muchos días en Ugíjar, también trabajó en la villa de Adra, donde tradujo al castellano, el 15 de mayo de 1570, una carta encontrada en aquella población y que sirvió para que el Duque de Sesa, partiera de Adra, con una flota de diecinueve galeras comandadas por Sancho de Leyva, para cercar y batir el castillo de Castel de Ferro, cautivando a los moros que quedaron vivos[30].

---

[27] Mohammad Ben Mohammad Aben Daud fue secretario y hombre de confianza de Mahamad Abdalla Abenabo, rey y cabecilla del levantamiento morisco.

[28] Alonso del Castillo firmó en el castillo de Adra varias de sus traducciones.

[29] A una legua y media del actual emplazamiento de Adra, los musulmanes levantaron una población, a orillas del río y protegida de cualquier ataque por mar, de cierta importancia, pero a la que no llegan a calificar como 'medina'. Hoy, aquella población, en el término de Adra, se denomina 'La Alquería'.

[30] Crónica de Luis de Mármol y Carvajal, libro VII, XXIX.

En el caso de las cartas de Aben Daud, hay que descartar la sospecha de manipulación, porque su contenido no favorecía los propósitos de ver rendidos a los moriscos.

"Estos días –dice Mármol- salió el marqués de Mondéjar de Granada, y llevando consigo al conde de Tendilla, su hijo, fue a visitar la costa de la mar con la gente ordinaria de a caballo. Y andando en la visita, parece que los autores de la rebelión acordaron que sería bien que fuese Aben Daud a Berbería á procurar algún socorro de navíos y gente, como lo había ofrecido muchas veces; y llevando consigo otros moriscos del Albaicín, se fue a juntar con las cuadrillas de monfís que andaban en la sierra de Bujol, entre Órgiva y el Zuchel, hacia la mar, para esperar que pasase por allí alguna fusta en que poderse ir; y como vio que no la había, trató con un morisco pescador, vecino de Adra la Vieja, llamado Nohayla, que le vendiese una barca que tenia en la playa, con que pescaba, que era de Ginés de la Rambla, armador; el cual no sólo se la ofreció, mas prometió de irse con él.

En este tiempo los moriscos de aquellas cuadrillas cautivaron tres cristianos, y queriéndolos matar, los defendió Daud, dándoles a entender que no se permitía en la ley de Mahoma matar los cristianos rendidos; mas hacíalo porque se los diesen para llevarlos a Berbería, y presentarlos a algún alcaide principal que le favoreciese en su negocio.

Llegada pues la noche aplazada en que se habían de embarcar, Daud y sus compañeros se fueron a casa de Nohayla, y llevando consigo algunas moriscas, que deseaban ir, para poder ser moras con libertad, bajaron al lugar donde estaba la barca, que era junto a la puerta de Adra, y echándola con mucho silencio a la mar, se metieron dentro todos.

Este morisco dueño de la barca, temiendo que, si el negocio se descubría, le habían de castigar por ello, usó de un trato doble, cosa muy ordinaria entre los moros; y dando aviso al dueño de la barca, y al capitán de Adra, de como unos moriscos se la habían pedido para irse a Berbería, les dijo que les avisaría el propio día que se hubiesen de embarcar, para que saliesen a ellos y los prendiesen; y por otra parte no fue a dar aviso el día cierto de la partida, antes dijo que sería un día señalado, y él se embarcó con toda la gente tres días antes, llevando consigo algunos monfís y los tres cristianos cautivos, y muchas moriscas y muchachos; mas no tenía la barca tan segura como pensaba, porque Ginés de la Rambla, sospechando la cautela del morisco, le había hecho dar de parte de noche unos barrenos, y tapándolos livianamente con cera, la había dejado estar. Por manera que habiendo navegado Daud un rato en ella, comenzó a entrar el agua por los lados y por los barrenos, y temiendo anegarse, le fue forzado volver a tierra; y como hacían ruido las mujeres y los niños al desembarcar, las guardas de Adra, que estaban sobre aviso, los sintieron, y salió luego la gente, y prendiendo á un turco y algunas mujeres, dieron libertad á los tres cristianos, y toda la otra gente se les embreñó[31] en la sierra.

Huyendo los monfís, se cayó a uno de ellos una talega de lienzo, en que llevaba un libro grande de letra arábiga, y dentro de él se hallaron una carta y una lamentación, que del tenor de lo uno y de lo otro pareció ser cosa ordenada por el mismo Daud, significando quejas de los moriscos a los moros de África, para 'que apiadándose de ellos, les enviasen socorro'.

Este libro envió luego el capitán de Adra al marqués de Mondéjar, que andaba visitando la Alpujarra, y juntamente con él, los tres cristianos, para que le diesen razón de lo que habían visto; los cuales le dieron noticia de Daud, porque le habían conocido en Granada siendo geliz[32] de la seda, y le dijeron cómo

---

[31] Perderse entre matorrales.

[32] Oficial que en las tres alcaicerías del antiguo reino de Granada, y con la fianza de 1000 ducados, estaba nombrado y autorizado por el ayuntamiento para recibir, guardar y vender en almoneda o subasta pública la seda que llevaban personas particulares, y

iban con él otros moriscos del Albaicín, que no supieron sus nombres; y que aquel libro era suyo, y leía cada noche en él, y predicaba á los otros la secta de Mahoma, y que acabando de predicar, llegaban todos á besar el libro y decían : «Esta es la ley de Dios y en ésta creemos, y todo lo demás es aire.»

Queriendo pues el Marqués saber lo que se contenía en aquel libro y en los papeles sueltos que iban dentro de él, envió a Granada por el licenciado Alonso del Castillo para que lo declarase, sospechando que había allí alguna cosa por donde se entendiese lo que los moriscos trataban.

El licenciado Castillo fue luego al lugar de Berja, donde había llegado ya el Marqués visitando, y tomando el libro, lo hojeó, y halló que era de un autor árabe llamado El Lollori, que trataba de la secta de Mahoma, y traía muchas autoridades de historias antiguas; y los papeles sueltos que había dentro eran de letra del propio Daud, porque la conoció luego. En uno dellos se contenía una carta misiva, que decía de esta manera:

«Con el nombre de Dios piadoso y misericordioso. La «santificación de Dios sea sobre el mejor de sus escogidos, y después la salud de Dios cumplida sea con aquellos que Dios honró, y no los desamparó el bien, que son en este mundo dichosos; esto es, a todos los príncipes y allegados señores y amigos nuestros, a quien Dios hizo merced de dar victoria y libertad y ensanchamiento de reinos, los moradores del poniente (tengan de Dios sus honras y guarde sus vidas), deseamos salud «los moradores de la Andalucía, los angustiados de corazón, los cercados de la gente infiel, aquellos á quien ha tocado el mal de la ofensión. Y después desto, señores y amigos nuestros, hermanos en Dios, somos obligados de haceros saber nuestros trabajos y

---

para cobrar y percibir los derechos que por tales ventas devengaba para los propios de la ciudad aquella mercancía.

negocios y lo que nos ha venido de la mudanza de nuestra era y fortuna, que es parte de nuestro mucho mal.

Por tanto, socorrednos y hacednos limosna; que Dios galardonará a los que bien nos hiciéredes. Sustentadnos con vuestro poderío y abundancia de que a vosotros hizo Dios merced, aunque a nosotros no seáis en cargo; mas confiados en vuestras personas magníficas y en vuestra virtud, porque el magnífico y virtuoso desea hacer bien, os encargamos por Dios poderoso que nos sustentéis con oraciones, para que Dios nos junte con vosotros.

Habéis de saber, señores nuestros, que los cristianos nos han mandado quitar la lengua arábiga, y quien pierde la lengua arábiga pierde su ley; y que descubramos las caras vergonzosas; que no nos saludemos, siendo la mas noble virtud la salutación. Hannos abierto las puertas para que entre nosotros haya más males y pecados; hannos acrecentado el tributo y la pena, y han intentado de mudar nuestro traje y quitar nuestras costumbres. Aposéntanse en nuestras casas, descubren nuestras honras y vergüenzas, y con semejante mal, que éste debe deshacer todo corazón de pesar.

Todo esto después de tomar nuestras haciendas y cautivar nuestras personas, y sacarnos con destierro de los pueblos. Hácennos caer en grande abatimiento y pérdida, apártannos de nuestros hermanos y amigos, y somos mezquinos desamparados, atenidos a la misericordia de Dios, porque nos han rodeado grandes males y desasosiegos por todas partes.

Suplicamos a vuestra bondad, de parte de Dios Altísimo, que contempléis nuestros negocios y los miréis con ojos de misericordia, y os apiadéis de nosotros con amor de hermanos, porque todos los creyentes en Dios son unos.

Por tanto, haced bien a vuestros hermanos; ensálcennos, ensalzaros a Dios; apremiad a los cristianos que allá tenéis, para que, avisando a los suyos, sepan que con la pena que os fatigaren, con aquella los habéis de atormentar; aunque sobre todo la paciencia es mayor bien a los que esperan.

Enviad esto al rey de Levante, que es el que ha sujetado a los enemigos y ensalzado la ley, y no deis lugar a que entre vosotros «haya discordias, porque la discordia es mayor mal que la muerte; y no tenemos saber ni poderío, inteligencia, ni fuerzas, para tratar de un remedio tan grande.

Vivimos de continuo en temor; rogad a Dios que perdone al que esto escribió. Esto es lo que queremos de vuestra virtud, que es escrita en noches de angustia y de lágrimas corrientes, sustentadas con esperanza y la esperanza se deriva de la amargura.»

El otro papel era en metros árabes y parecía ser lamentación, en que se quejaban los moriscos de opresiones que los cristianos les hacían, y literalmente decía desta manera: «Con el nombre de Dios piadoso y misericordioso. Antes de hablar y después de hablar, sea Dios loado para siempre. Soberano es el Dios de las gentes; soberano es el más alto de los jueces, soberano es el Uno sobre toda la unidad, el que crió el libro de la Sabiduría; soberano es el que crió los hombres, soberano es el que permite las angustias, soberano es el que perdona al que peca y se enmienda, soberano es el Dios de su alteza, el que crió las plantas y la tierra, y la fundó y dio por morada á los hombres; soberano es el Dios que es uno, soberano el que es sin composición, soberano es el que sustenta las gentes con agua y mantenimientos, soberano el que guarda, soberano el alto Rey, soberano el que no tuvo principio, soberano el Dios del alto trono, soberano el que hace lo que quiere y permite con su Providencia, soberano el que crió las nubes, soberano el que impuso la escritura , soberano el que crió á Adán y le dio salvación, y soberano el que tiene la grandeza y crió las gentes y a los santos, y escogió de ellos los profetas, y con el mas alto de ellos concluyó.

Después de magnificar a Dios, que está sólo en su cielo, la santificación sea con su escogido y con sus discípulos honrados. Comienzo a contar una historia de lo que pasa en la Andalucía, que el enemigo ha sujetado, según veréis por escrito. El Andalucía, es cosa notoria, nombrada en todo el mundo, y el día de hoy está cercado y rodeado de herejes, que por todas partes la han cercado.

Estamos entre ellos, avasallados como ovejas perdidas, o como caballero con caballo sin freno; hannos atormentado con la crueldad; enséñannos engaños y sutilezas, hasta que el hombre querría morir con la pena que siente.

Han puesto sobre nosotros a los judíos, que no tienen fe ni palabra; cada día nos buscan nuevas astucias, mentiras, engaños, menosprecios, abatimientos y venganzas. Metieron a nuestras gentes en su ley, y hiciéronles adorar con ellos las figuras, apremiándolos a ello, sin osar nadie hablar.

¡Oh, cuántas personas están afligidas entre los descreídos!

Llámannos con campana para adorar la figura; mandan al hombre que vaya presto a su ley revoltosa; y desde que se han juntado en la iglesia, se levantó un predicador con voz de cárabo[33] y nombra el vino y el tocino, y la misa se hace con vino. Y si le oís humillarse diciendo: «Esta es la buena ley, veréis después que el abad más santo de ellos, no sabe qué cosa es lo lícito ni lo ilícito.

Acabando de predicar se salen, y hacen todos la reverencia a quien adoran, yéndose tras de él sin temor ni vergüenza. El abad se sube sobre el altar y alza una torta de pan que la vean lodos, y oiréis los golpes en los pechos y tañer la campana del fenecimiento.

---

[33] Despectivamente, un insecto, que de día se esconde bajo las piedras.

Tienen misa cantada y otra rezada, y las dos son como el rocío en la niebla: El que allí se hallare, veráse nombrar en un papel, que no queda chico ni grande que no le llamen.

Pasados cuatro meses, va el enemigo del abad a pedir las albalas en las casas de la sospecha, andando de puerta en puerta, con tinta, papel y pluma, y al que le faltare la cédula, ha de pagar un cuartillo de plata por ella. Tomaron los enemigos un consejo, que paguen los vivos y los muertos. ¡Dios sea con el que no tiene que pagar! ¡Oh, qué llevará de saetadas!

Zanjaron la ley sin cimientos, y adoran las imágenes estando asentados. Ayunan mes y medio, y su ayuno es como el de las vacas, que comen a mediodía. Hablemos del abad del confesar, y después del abad del comulgar; con esto se cumple la ley del infiel, y es cosa necesaria que se haga, porque hay entre ellos jueces crueles que toman las haciendas de los moros, y los trasquilan como trasquiladores que trasquilan el ganado. Y hay otros entre ellos, examinados, que deshacen todas las leyes, y un Horozco y otro Albotodo.

¡Oh, cuánto corren y trabajan con acuerdo de acechar las gentes en todo encuentro y lugar! Y cualquiera que alaba á Dios por su lengua no puede escaparse de ser perdido, y al que hallan una ocasión, envían tras dél un adalid que, aunque esté á mil leguas, lo halla, y preso, le echan en la cárcel grande, y de día y de noche le atemorizan diciéndole: Acordaos. Queda el mezquino pensando con sus lágrimas de hilo en hilo en diciéndole 'acordaos', y no tiene otro sustento mayor que la paciencia; métenle en un espantoso palacio, y allí está mucho tiempo, y le abren mil piélagos, de los cuales ningún buen nadador puede salir, porque es mar que no se pasa. Desde allí lo llevan al aposento del tormento, y le atan para dárselo, y se lo dan hasta que le quiebran los huesos. Después desto, están de concierto en la plaza del Hatabin, y hacen allí un tablado, que lo semejan al día del juicio, y el que de ellos se libra, aquel día le visten una ropa amarilla, y a los demás los llevan al fuego con estatuas y figuras espantosas.

Este enemigo nos ha angustiado en gran manera por todas partes, y nos ha rodeado como fuego; estamos en una opresión que no se puede sufrir. La fiesta y el domingo guardamos, el viernes y el sábado ayunamos, y con todo aun no los aseguramos.

Esta maldad ha crecido cerca de sus alcaides y gobernadores, y a cada uno le pareció que se haga la ley una; y añadieron en ella, y colgaron una espada cortadora, y nos notificaron unos escritos el día de año nuevo en la plaza de KibelBouut, los cuales despertaron a los que dormían y se levantaron del sueño en un punto, porque mandaron que toda puerta se abriese. Vedaron los vestidos y baños y los alárabes en la tierra.

Este enemigo ha consentido esto, y nos ha puesto en manos de los judíos, para que hagan de nosotros lo que quisieren, sin que de ello tengan culpa. Los clérigos y frailes fueron todos contentos en que la ley fuese toda una y que nos pusiesen debajo de los pies.

Esto es lo que ha cabido a nuestra nación, como si le diesen por honra toda la infidelidad. Está sañudo sobre nosotros, se ha embravecido como dragón, y estamos todos en sus manos como la tórtola en manos del gavilán. Y como todas estas cosas se hayan permitido, habiéndonos determinado con estos males, volvimos a buscar en los pronósticos y juicios, para ver si hallaríamos en las letras descanso; y las personas de discreción que se han dado á buscar los originales nos dicen que con el ayuno esperemos remediarnos; que afligiéndonos, con la tardanza habrán encanecido los mancebos antes de tiempo; mas que después deste peligro, de necesidad, nos han de dar el parabién y Dios se apiadará de nosotros.

Esto es lo que tengo que decir; y aunque toda la vida contase el mal, no podría acabar. Por tanto en vuestra virtud, señores, no tachéis mi orar, porque hasta aquí es lo que alcanzan mis fuerzas; desechad de mi toda calumnia, y el que endechare estos versos, ruegue á Dios que me ponga en el paraíso de su holganza.»

Por estos papeles se entendió ser verdad lo que se decía del alzamiento de los moriscos, y el Marqués envió los originales y un traslado romanzado a su majestad; y habiendo estado algunos días en el lugar de Berja, fue a visitar Adra, y de allí á la ciudad de Almería, donde estuvo mes y medio, sin que se le ordenase cosa de nuevo, y de allí volvió a la ciudad de Granada, dejando todas las plazas de la costa visitadas y proveídas lo mejor que pudo."

Carpeta III:
La Armada de Don Juan de Austria.

Ver la rotulación de esta carpeta me produjo cierto escalofrío, porque, precisamente, llevaba meses trabajando sobre esa enredadera de intereses, la tela de araña que supuso la llamada 'Rebelión de los Moriscos', en las Alpujarras. ¡Qué difícil es meterse en las entrañas de ese conflicto y permanecer neutral!

Mi vinculación con la Orden de Caballeros del Santo Sepulcro de San Juan de Dios, defensora de la Basílica y las Reliquias del Santo, por la que me adentré en el conocimiento de su figura, su vida y su obra, hizo que fuera estudiando la estructura social del Reino de Granada en los años inmediatamente posteriores a su conquista, y recrear mentalmente la vida en aquella época.

Apenas habían transcurrido cuarenta años desde la salida de Boabdil, en el momento en que Juan de Dios había dejado todo, (su vida de pastor, de sirviente, de soldado, de albañil), para entregarse, de manera tan singular, a la causa de los enfermos y marginados.

España, la oficial y cortesana, estaba en una época de esplendor, en su Siglo de Oro, en el pensamiento, la literatura y en las artes. En Europa, en las Indias, en el Pacífico, se hablaba castellano. La pobreza, las epidemias y la represión sacudían a las capas sociales más indefensas.

Juan de Dios murió en Granada el 8 de marzo de 1550, dejando su casa hospital repleto de necesitados, pero con fieles seguidores de su obra y con el aprecio de muchos benefactores. Nació, con ello, la orden religiosa de los hermanos hospitalarios. No preguntaban a los indigentes, que por decenas había por las calles, ni a los moribundos o enfermos, si eran o no creyentes. Sólo les ofrecían consuelo y si era posible, sanación. A las autoridades les venía bien esa labor. Para éstas, limpiar las calles de inmundicias favorecía la imagen de la capital de los palacetes, la Alhambra y el Albaicín. Monumental opulencia con escondidas miserias.

Granada era la joya recuperada, la perla preciosa del Imperio, pero con incrustaciones de los restos de una contienda. Los vencedores, insaciables en la tarea de cobrar réditos por su victoria, y los vencidos que no fueron deportados, transformados a la fuerza en cristianos nuevos, practicando en secreto sus creencias y soportando en silencio la humillación.

Ni Jesucristo ni Mahoma quisieron tanta sangre y barbarie para propagar sus mensajes. No fue la Fe la que generó tanta desgracia, sino el desmesurado afán de poder.

Mientras tanto, la represión no era capaz de frenar el soterrado crecimiento de las costumbres y tradiciones moriscas que, en el Reino de Granada, se ven favorecidas hasta por el aire y el paisaje. Felipe II, prácticamente emperador de naciones en todos los continentes, tenía precisamente ahí su principal y más cercano problema: Un trozo del Reino de Granada, Las Alpujarras, se levantaba.

En 1568 estalla la caldera y los moriscos se rebelan[34]. El monarca, con bastante incertidumbre en la eficacia de su decisión, pone a su joven hermanastro Juan de Austria, al frente de Granada. Con el ímpetu y la inexperiencia de su juventud, es asesorado por un consejo de nobles castellanos, nuevos señores del reino granadino, con no pocas trifulcas y pendencias entre ellos. Todos se enfrentan, junto a la necesidad de hacer méritos ante el Rey, desprestigiando si era necesario a otros nobles, a un enemigo común tan escurridizo e inaccesible como los propios riscos alpujarreños.

---

[34] La tensa situación interior fue favorecida desde los reinos de Túnez y Argel, y en menor medida desde el de Fez, con promesas de ayuda a los rebeldes, en un intento de alejar a las fuerzas cristianas de sus pretensiones en el norte de África.

Junto a las batidas de sus tropas, que arrasaron lugares y acabaron con miles de moriscos, Felipe II empleó otras estrategias de guerra. Alonso del Castillo, el traductor de árabe, fue encargado por el Duque de Sesa, para que confeccionase panfletos escritos en esa lengua, sin firma, simulando que estaban hechos por los propios cabecillas de la revuelta, distribuyéndose en todos los rincones de La Alpujarra. "diciendo que no era bien seguir la guerra que neciamente habían comenzado contra tan gran Señor y príncipe como hoy día lo es la Majestad del Rey Don Felipe nuestro Señor y, asimismo, que no les era seguro confiar en el socorro de los turcos que les habían empezado a entrar, y en sus vanos y contradictorios pronósticos y juicios, y otras cosas y razones que por el tenor de esta carta parecen por las cuales en efecto sucedió que los moros, habiendo visto y leído algunos de estos traslados, desmayaron y empezaron a tratar de reducirse."

En la carpeta está una descripción pormenorizada de la 'Rebelión y justo castigo de los moriscos', como algún autor tituló, pero es tan voluminosa, que debo centrarme en lo que nos interesa: La presencia de Adra en esa historia. Tan trascendental es esa presencia que, si las cosas no hubieran sucedido en Adra tal como ocurrieron, habría cambiado toda la Historia de España.

Sólo un apunte marginal no quiero dejar pasar por alto, ni que entorpezca la transcripción de los documentos de la carpeta: En su *curriculum*, para obtener méritos por hechos de armas y reconocimiento de años de servicio al rey Felipe II, Miguel de Cervantes Saavedra justifica que inició su carrera militar en 1568, lo que quiere decir que debió estar no sólo en la guerra alpujarreña, sino desfilando, como luego se verá, ante las murallas de la Puerta del Mar de Adra.

El célebre autor de 'El Quijote', y héroe en Lepanto era, en aquellos tiempos, un soldado más de la flota fondeada en la playa abderitana. Lo vivido en esos días sirvió al Manco de Lepanto, para crear a muchos personajes de sus famosas novelas.

Felipe II, no satisfecho con el resultado de las incursiones de los nobles, que perdían el tiempo en constantes fricciones por el poder en sus jurisdicciones, ordenó acabar con esos focos de resistencia, en sucesivos enfrentamientos liderados por el Marqués de Mondéjar, el de los Vélez, y por último el propio Don Juan de Austria. Su majestad, después de recibir confidencias sobre el ímpetu irresponsable de su hermano en algunas incursiones contra los moriscos, prohibió que éste fuera al frente de batalla, para evitar riesgos innecesarios.

Pero el monarca no se quedó ahí. A la vista de la dificultad de vencer a los rebeldes por tierra, y viendo que la guerra se le iba de las manos, ordenó a Luis de Zúñiga y Requesens[35], Comendador Mayor de Castilla y Capitán General de la Mar, que desplazara su impresionante flota hasta el puerto de Adra, en cuyas aguas fondeó el 1º de mayo de 1569, después de una travesía con fuerte temporal en la que los barcos sufrieron graves daños, acompañado del Marqués de Santa Cruz, que volvió con sus naves a Italia tras la tempestad, Marco Antonio Colonna, Miguel de Moncada, Padilla y otros capitanes.

El Comendador Mayor estaba en Roma cuando recibió la orden de Felipe II; "y viniendo a Nápoles juntó de seis a ocho mil hombres de guerra de aquellos de Italia, y embarcándolos en las galeras dio la vuelta de España.

Llegado a Barcelona, donde tenía su casa, formó una compañía grande de bandoleros, a los cuales se concedió perdón general de sus malos hechos, porque fuesen con él a la guerra de Granada. Con esta valerosa gente, y la demás que él traía en las galeras, llegó a Adra.

---

[35] El Comendador Mayor de Castilla, usó sólo su segundo apellido, Requesens, por pacto matrimonial de sus padres, de forma que él fue Requesens y el segundo hijo del matrimonio, Zúñiga, el apellido del padre.

"La armada navegaba en presto vuelo.
Apenas de las ondas bien seguras.
Hasta que la deidad del sacro Delo,
Mostrando cada cosa en su figura,
Dio lugar á que en Adra la nombrada
La tierra se tomase deseada."[36]

Aunque la orden era que los tripulantes de sus veinticinco galeras desembarcaran en Adra, apenas estuvo una hora en el lugar, porque inmediatamente la flota puso rumbo a las costas malagueñas, para acabar con la presencia morisca en la Sierra de Bentomiz y el peñón de Frigiliana, donde también hubo un importante foco de resistencia.

El comendador mayor, alcanzada esta victoria, en la que quedaron cautivos muchas moras y niños, "mandó enterrar los muertos y recoger los heridos partiendo luego de allí con las galeras la vuelta de Málaga, en donde dejó bien poblados todos los hospitales. Quedose aquí algunos días el comendador mientras se repara su gente, que bien lo había menester después de aquella batalla".

Terminado ese conflicto, la flota, reforzada con otros buques, se hizo la dueña del litoral granadino desde Málaga a Adra.

El marqués de Vélez[37], ya estaba en Adra. Sentó su cuartel en la villa, aguardando las órdenes de su Majestad, con el

---

[36] De 'La Austriada', Juan Rufo. (Juan Gutiérrez, hijo de Rofos Gutiérrez, Córdoba, 1547-1620) Estuvo en la Guerra de las Alpujarras y en la Batalla de Lepanto.

[37] El Marqués de los Vélez era "entrado en años y mal humor", jefe de las tropas castellanas, con la opinión contraria del entorno de Don Juan de Austria. Muchos soldados suyos desertaron a causa de la inactividad y la falta de alimentos en Adra, "a base de pescado, cosa ordinaria en estas costas y sin bizcochos de Málaga, por la poca gana de fabricarlos"

rango de general del campo de batalla, dado por el Rey al sufragar el marqués los gastos de sus propios soldados, aunque siendo acusado su pasividad por los demás nobles participantes en la contienda, por atacar a las tropas de Aben Humeya, pero sólo para esparcirlas, volviendo a su cuartel de Adra y "dejarlos engrosar y que de nuevo se armasen".

"El general, hombre entrado en edad y por esto más, en cólera, mostraba a ser respetado y aun temido. Cualquier cosa le ofendía. Diose a olvidar a unos, tener poca cuenta con otros; tratar a otros con aspereza. Oía palabras sin respeto sobre él. La tropa estaba ociosa en Adra y "comenzó a entorpecerle nadando y comiendo pescados frescos". Esta situación generó malestar entre los principales "y a aborrecerse de todos y todos de él."

La entrada principal de la fortaleza de Adra, o Puerta del Mar, que formaba parte del recinto amurallado, en el que por algunas zonas se aprovechaba el acantilado rocoso para ganar altura, se encontraba con su arco de medio punto mirando hacia el Sur.

La muralla, que iba descendiendo desde el cubo o torre de la vela, hasta alcanzar una zona arenosa, tenía un dique en esta parte, para evitar las arremetidas del mar en los días de temporal, y un puente levadizo entre éste y la puerta de la fortaleza, con un foso cubierto de agua marina. Tenía otra puerta, la de Tierra, y un postiguillo junto al torreón del cementerio.

En el interior del arco, que daba acceso a la principal calle de la Villa, la de los Mesones, se había construido una hornacina, donde los mareantes habían colocado una imagen de la Virgen[38].

---

[38] Primero bajo la advocación de 'Virgen del Pópulo' y luego como 'Virgen del Mar', según Víctor Eugenio Rodríguez Segado, quien da cuenta de su existencia antes del asalto de octubre de 1620.

A unos cincuenta metros de la citada puerta y en la misma muralla, la Torre del Homenaje, superaba en altura a todas las demás, a pesar de tener los cimientos a nivel del mar. En el resto del perímetro era la propia roca la que elevaba al conjunto de la fortaleza.

Desde allí, presenció el marqués de los Vélez, la mayor parada militar de las tropas cristianas de toda la guerra de Las Alpujarras, llegados unos por tierra y la mayoría por mar, con una formación de más de catorce mil soldados, y allí se manifestó una prueba de las rencillas entre los nobles castellanos y, en especial entre el de los Vélez y el marqués de la Fabara.

Guntherson, amante de la milicia y de los hechos de la Armada, transcribe lo relatado por Luis de Mármol:

"Así que se supo en Granada la derrota del valeroso capitán Céspedes, -a quien las tropas de Aben Humeya desbarataron- y lo mal que don Antonio de Luna se había portado no asistiéndole ni favoreciéndole, por lo cual se despojó a Luna de su grado, y también del descalabro de los cristianos que estaban en el puerto de la Ragua, el señor don Juan de Austria, muy pesaroso de los dos quebrantos, mandó a don Rodrigo de Benavides, caballero muy principal, que saliese de Granada con seis mil hombres, y los llevase a Órjiva, donde don Juan de Mendoza tenía bajo sus órdenes el campamento cristiano; pero llegando a Guadix vio que este pueblo necesitaba de custodia; por lo cual mandó que se quedaran allí mil hombres de presidio, y pasó a Órjiva con cinco banderas y el resto de la gente.

El marqués de la Fabara salió también de Granada para este mismo efecto con setecientos hombres, bien armados y tiradores todos, y con más de cien caballeros hijosdalgos de Murcia y de otras partes. Llegada que fue toda esta gente a Órjiva, se dio orden al general don Juan de Mendoza para que fuese al campo del marqués de Vélez en Adra, llevando cuatro mil hombres bien armados y que, para esto, pasara á Motril, donde se embarcaría con aquellas tropas en las galeras de su Majestad.

Don Juan de Mendoza, en cumplimiento de la orden, levantó el campo, y atravesando las Alpujarras por malos caminos y asperezas, llegó a Motril, donde estaban ya las galeras de Nápoles y, con ellas, el Comendador Mayor al frente de la tropa de don Pedro de Padilla, que era toda muy brava y belicosa.

Embarcados en las galeras de España unos y otros soldados, fueron transportados a Adra donde estaba aguardándolos el marqués de Vélez, el cual, luego que todos saltaron en tierra, puesto en parte de donde pudiera verlos bien, les pasó revista, y se holgó mucho de ver tanta infantería y tan bien armada.

El marqués de la Fabara, luego que saltó en tierra, como buen soldado se presentó al marqués de Vélez delante de su gente que era muy buena, y habiéndole hecho su acatamiento, le dijo: «He venido aquí con setecientos hombres bien dispuestos para servir a vuestra señoría en esta guerra".

Como el de Vélez tenía tratamiento de 'excelencia', quedó poco contento del marqués de la Fabara que le había dado el de 'señoría', y así le respondió: "vuestra merced sea muy bien venido; aquí todos estamos prontos a servir á su Majestad.»

Como entendió el de la Fabara el menosprecio del marqués, faltando a corresponderle con el tratamiento de 'señoría', desde entonces le cobró mortal odio, y de allí adelante jamás se avino con él.

Pasó luego la gente del Tercio de don Pedro de Padilla, que era toda muy lucida y compuesta de soldados viejos de los Tercios de Nápoles; era además digna de notarse su bizarría, porque venían muy galanes.

Saltó luego en tierra el Comendador Mayor, y presentándose al marqués de Vélez fue recibido por él con la distinción que merecía, y era correspondiente a un señor de tan alta clase.

El cordobés Juan Rufo, que era proveedor de vestuario para los Tercios y poeta, llegó a ser nombrado cronista de Don Juan de Austria, dejando escrito un poema épico 'La Austriada', donde cita en diez ocasiones a Adra y que, según Miguel de Cervantes, -poniendo la frase en boca del cura, en la librería de 'El Quijote'-, son de "los mejores hechos en verso en lengua castellana". Así vio Rufo los hechos de la Puerta del Mar abderitana:

"Del marqués de los Vélez, nuevo Alcides;
Puso con dos mil hombres al profeso
Soldado don Rodrigo Benavides,
En guarda de Guadix; y así, camina
A Órgiva Francisco de Molina.
A su orden llevó cinco banderas,

Y al Mendoza, dejado el cargo de antes,
Se le manda que lleve á las riberas

Do está el de Vélez cuatro mil infantes

Y tres condutas listas y ligeras
De caballos, jinetes importantes;
Por otra parte trujo el de Castilla,
El tercio de don Pedro de Padilla.

En Adra aquella masa se hacía,
Donde el de Leyva echó también en tierra
La catalana gente que traía.
Acaudillada de antiquesa sierra;
Mil y quinientos hombres este guía
Que vienen á servir en esta guerra

Porque el Rey les perdone desafueros
De haber gran tiempo sido bandoleros.

Llegó Lorenzo Téllez, lusitano,
El de Silva, marqués de la Fabara,
Dejando de valor mayor que humano
Hecha prueba primero que llegara;
Por medio del poder mahometano
Atravesó con advertencia rara
Desde los granadinos fundamentos,
Los suyos no llegando a setecientos."

Al otro día, en el castillo, se entró en consejo de guerra para enterarse de las órdenes de su Majestad y acordar lo que se debería hacer, en un caldeado ambiente, con diferencias entre los generales. En este consejo, el Comendador Mayor y el Marqués de Vélez después de una larga discusión, llegaron a un acuerdo, 'túvose como era razón, guardándose los miramientos debidos entre tan grandes caballeros en aquella coyuntura' y en fuerza de lo acordado, el Comendador Mayor tomó luego con las galeras, la vuelta de Málaga, dejando al marqués de Vélez con un ejército de once mil hombres de infantería y ochocientos de caballería, todo escogido y sobresaliente.

Rufo lo describe así:

Aquí dio fin sabroso y concertado
Aquel facundo y generoso pecho;
El consejo de oille edificado
Quedó, y de todo punto satisfecho;
El catalán sagaz y acreditado.
También celoso del común provecho,
Templó en el blando son de la respuesta
El áspero tenor de la propuesta.

La ocasión que al Marqués tardar hacía
Después, como primero, estuvo oculta,

Aunque sobre entendella se tenía
Entre contemplativos gran consulta.
Llegó en efecto la sazón y el día
De salir a buscar la turba mulla;
Ya en Adra en alta voz se echaba el bando,
Ya las banderas se iban aprestando.

Marchando alertos van diez mil infantes,
Setecientos jinetes en la silla;
La vanguardia, de escuadras importantes,
Don Juan, el de Mendoza, la acaudilla;
La retaguardia, de otras semejantes,
Lleva a cargo don Pedro de Padilla,
Con orden que los dos por singulares,
Vayan trocando a días sus lugares.

El cuerpo de batalla iba tan junto
A la vanguardia y retaguardia fieras,
Que, alzando unos el pie, en el mismo punto
Le ponen otros puestos por hileras;
Por uno y otro lado iban a punto
De jinetes las bandas más ligeras.
Con esta diligencia se marchaba,
Y ya de cerca Verja se mostraba.
Dejada luego a la siniestra mano,
Se prosiguió el viaje en hora buena,
Atravesando todo el ancho llano
Que se intitula allí de Lucaynena"

Muy contento el de Vélez con estas fuerzas, y enterado de lo que había de hacer, mandó que el campo marchara la vuelta de Lucainena en busca del enemigo Aben Humeya, que le aguardaba allí, aunque estaba sabedor ya de la mucha gente que el marqués tenía, no por eso se acobardó, juntando en su campamento más de veinte mil hombres, todos ya muy bien armados, sin contar otros treinta mil que, o estaban en sus lugares, o andaban repartidos por las sierras recogiendo los frutos maduros"

Hay constancia de una permanente comunicación entre los distintos puertos, siendo los de Málaga, Motril y Adra los que mayor actividad tuvieron en la guerra alpujarreña. Además de otras, de ordinario, tres grandes expediciones desembarcaron en las costas abderitanas, a la orden del Comendador Mayor de Castilla, con material, vituallas y soldados para acabar con el levantamiento alpujarreño y cerrar el frente marítimo a los 'rebeldes' en los dos años de guerra, por el que escapaban o recibían ayudas de los andalusíes y turcos del otro lado del Estrecho.

En uno de esos viajes debió producirse, a las órdenes del Cirujano Mayor de la Flota, Dionisio Daza, el embarque de los primeros enfermeros de la nueva orden de San Juan de Dios, nacida en Granada y aprobada como tal por Pío V, en noviembre de 1568.

Mucho tuvo que ver el Comendador, hombre influyente en Roma, en el reconocimiento papal de la labor humanitaria emprendida en torno a San Juan de Dios.

Aquellos primeros hermanos atendieron a los soldados castellanos en la flota de España y acompañando a la comitiva del propio Don Juan de Austria en las aguas y tierras alpujarreñas.

El resultado de su benéfica aportación fue tal que el hermano de Felipe II pidió, tras la victoria en Las Alpujarras, que los hermanos de San Juan de Dios formaran parte definitiva de los hombres embarcados en la Armada.

Pocos meses después, el espectacular ensayo de fuerza naval practicado entre Adra y Motril sirvió para formar la Santa Liga entre España y los Estados italianos que lucharon y vencieron en la memorable Batalla de Lepanto, tal como se recogen en las crónicas de la época:

"Para la Liga que se hizo contra el Turco este mismo año, que se acabó la rebelión de Granada, pidió el Serenísimo Señor Don Juan de Austria, frayles nuestros, para que fuesen en su Armada, a entender en la cura de los enfermos y heridos", se dice en la Cronología de la Orden.

El príncipe recordó a su hermano Felipe II "lo provechosos y convenientes que fueron los servicios de los padres hospitalarios en la Guerra de los Moros en Granada".

Los hermanos de San Juan de Dios embarcaron tanto en la flota de Requesens como en la de Marco Antonio Colonna.

Desde aquellos primeros días en el puerto de Adra, la relación de los hermanos hospitalarios de San Juan de Dios[39] ha sido estrecha, fructífera y permanente con la Armada Española, pero, además, su labor humanitaria se extendió no sólo en la península, sino por Europa, el Pacífico y, especialmente, en Iberoamérica.

---

[39] El histórico hecho fue conmemorado en Adra el 16 de julio de 2010 por el Gran Maestre de la Orden de Caballeros y Damas de San Juan de Dios, Juan José Hernández Torres, O.H., que con los miembros de la Orden participaron en los actos conmemorativos, en la festividad de la Virgen del Carmen.

Carpeta IV:
El Asalto a Adra de 1620.

Asumo totalmente que John Guntherson era un enamorado de Adra, aunque tuviera un nombre, a primera vista, tan poco alpujarreño. El ser humano nace en cualquier parte y luego es el destino el que elige dónde le deja estar o morir.

De igual manera, estoy convencido, por poner un ejemplo, que el irlandés y los dos ingleses que fueron con Cristóbal Colón en su primer viaje[40], no buscaron pasar a la historia entre las primeras cuarenta víctimas *castellanas* que murieron en la isla La Española a manos de los indios. Los desgraciados fueron elegidos por el Almirante para quedarse en tierra, mientras él venía a España a contar su descubrimiento. A su regreso a las Indias no encontró vivo a ninguno de los suyos.

Deseo que el destino deparara otro fin al propietario original del legado que tengo en las manos.

No he encontrado, a pesar de haberla buscado, la tumba de John Guntherson, ni en los libros parroquiales figura su fallecimiento. Anduve leyendo lápidas e iniciales rotuladas en cruces en los cementerios de Adra y La Alquería y buscando entre los restos del de los ingleses, en el solar de la antigua fundición, en la cuesta de Carreño, donde debió estar el camposanto anglicano.

Ignoro, por tanto, si profesaba el catolicismo, si era agnóstico, protestante o de cualquier otra religión; si murió en Adra, o si se marchó como tantos otros, en el declive de la industria del plomo.

El desconocido John Guntherson, a quien le estaré eternamente agradecido, había hecho una copia literal, con algunas añadiduras propias, del relato que hizo de los hechos,

---

[40] No todos los tripulantes de *La Niña*, *la Pinta* y la *Santa María* eran de Palos, andaluces o españoles. Todos, sobre el papel, y esa fue una de las condiciones impuestas por los Reyes Católicos, eran cristianos y 'fiables', al menos en el primer viaje, porque luego se abrieron las cárceles a los reos que quisieran una nueva día en las Indias.

Gil González De Ávila, cronista mayor de los reyes Felipe III y Felipe IV, publicado por Ulloa, el mercader de libros, en 1771. Probablemente, la copia de esa crónica la extrajo Guntherson de algún libro comprado en Cádiz, -por entonces en su mayor esplendor como puerto exclusivo para el comercio con las Indias-, en una librería, ubicada junto al Pópulo, una de las tres puertas de las murallas medievales de la ciudad gaditana, curiosamente frente a la casa de su amigo Alejandro Alvarado.

La transcripción dice así:

"A catorce de octubre de 1620, a la hora de amanecer llegaron siete galeras de Turcos a la playa de Adra[41]. Fueron descubiertos de la centinela del Castillo: disparó dos piezas, a las que no respondieron; y alargándose a la mar, caminaron al sitio que llaman de Benaluque, donde desembarcaron quinientos mosqueteros turcos y moriscos de los expelidos de España, que tenían conocimiento de la tierra. Los guiaba un esclavo berberisco, que lo era de un vecino de Adra[42], que estando en el campo aquella noche, dio voces en lengua berberisca a la gente de las galeras; y arrojándose al agua, le recogieron, porque dijo que era moro, y les dio aviso de la poca defensa que tenía la Villa.

Era Capitán y Gobernador de Adra D. Luis de Tobar, soldado práctico, que había militado en los Estados de Flandes, y asistido en las ocasiones de más peligro que se ofrecieron en el tiempo que estuvo en ellos, con aprobación de las Cabezas que gobernaban la guerra.

Considerando el designio que el enemigo llevaba, acordó se recogiesen al Castillo todos los vecinos, padres, hijos y

---

[41] Guntherson inserta una nota: "Las galeras eran turcas, pero los que venían en ellas eran moriscos alpujarreños expulsados diez años antes".

[42] Eran numerosos los vecinos de Adra que tenían esclavos, entre ellos, Alonso Mena y Juana de Medrano, los padres del escultor Pedro de Mena, tenían dos esclavas y el mismo Pedro, llegó a tener tres. Madre e hijo fueron abderitanos.

mujeres, y la gente de servicio, y que subiesen la piedra que pudiesen, para suplir con ella la falta de municiones, y se hicieron otras prevenciones para ofender y defenderse.

Dispuestas así las cosas, salió acompañado de veinte y seis soldados, dejando dos por guardas de la puerta, con otros quatro vecinos, a oponerse a fuerzas tan desiguales, y tan superiores a las suyas.

Acometiólos en la playa, y puso en confusión las armas de aquellos bárbaros, matando a muchos de ellos. El enemigo, viendo ser nuestra gente tan poca, la forzó a retirarse, después de haber durado la pelea el espacio de tres horas.

D. Luis, haciendo rostro, peleando, dando y recibiendo cargas, se retiró a la Villa, poniendo en salvo el número de los suyos. Los turcos quisieron entrar envueltos en los cristianos, mas D. Luis, que fue el primero en acometer, fue el último en la entrada de la Villa, defendiéndola con valor, aunque cargaron sobre él más de doscientos enemigos.

Al fin la cerró sin que ninguno pusiese el pie dentro de ella y sintiendo el enemigo el daño, desembarcó otros seiscientos turcos, para que prosiguiesen su intento y con la artillería de las galeras dieron batería a la Puerta de la Mar, y la echaron á tierra.

El Capitán la levantó y fortificó con gran presteza y perseverando el enemigo, comenzó a batir su artillería el Castillo y muros de la Villa, que correspondía dándole sus rociadas. Los que saltaron en tierra, que ya eran más de mil mosqueteros y flecheros, tomaron las puertas de la campaña[43] para impedir el socorro que les podía venir á los cercados y el esquadrón de batalla se fue acercando al muro, y arrimando sus escalas para dar el asalto, y ponerla en el último discrimen.

---

[43] Además de la Puerta del Mar, la principal de acceso a la villa, a unos escasos cien metros de la orilla del Mediterráneo en esa época, existían otras dos puertas, a Norte y Este del recinto amurallado.

D. Luis, como valeroso, dispuso la defensa, dividiendo el poco número de gente en los puestos más flacos de sus muros; y dando brios a los cercados con el ejemplo de su valentía, propúsoles el servicio de Dios, el de su Rey, el bien público, y la honra que ganarían muriendo en su defensa, ó la gloria y triunfo de la victoria; y que para conseguirla era forzoso que los pocos que allí se hallaban, hiciesen como muchos, pues en ellos consistía la salud de la patria y de sus hijos; y de no hacerlo así, el enemigo, aprovechándose de nuestra flaqueza , levantaría trofeos a costa de nuestras vidas, convirtiendo en cenizas nuestras moradas, y patria. Y diciendo y haciendo, como buen Capitán y Maestro, que obra lo que enseña y manda, con cinco soldados se quedó en la parte por donde el enemigo dio el asalto. Todos le prometieron el morir ó vencer, dándose por testigos á si mismos de la promesa que hacían.

Los asaltos fueron muchos, reñidos y porfiados, y el Capitán los resistió, sin perder un punto de su puesto, muriendo muchos de los contrarios con venablos y chuzos; y fueron tantos, que ya tenían miedo de subir por las escalas y dejando el asalto por esta parte, acometió por donde la artillería había causado mayor daño; y aunque D. Luis se hallaba con tres mosquetazos, y sin la mano izquierda, que se la llevaron á cercén, y con sólo dos soldados que le quedaron vivos de los cinco que le habían asistido, acudió al puesto por donde entraban los turcos, y con la mano que le quedó mató él solo doce de ellos, que estaban ya dentro de la muralla, e hirió a muchos de los que pretendían lo mismo con tal braveza, que causaba espanto en ellos.

En esta ocasión de los dos compañeros le mataron uno, habiendo hecho éste y los demás grande estrago en los mahometanos. Así maltratado, herido y desacompañado, sustentaba y defendía la Plaza, sin dar lugar a que el enemigo se la invadiese, hasta que llegó un flechazo que le atravesó el pecho, quitándole la vida y conociendo que se le acababa, se arrimó a la muralla en el puesto que peleaba; y sin soltar la espada de la mano, estuvo en pie, haciendo rostro al contrario hasta que expiró. Se echaron sobre él los turcos ya muerto (porque vivo no se atrevieron), y le hicieron mil pedazos.

Muerto D. Luis, intentaron ganar el Castillo, porque el esclavo berberisco les aseguraba que los cercados no harían resistencia por estar faltos de armas y municiones; mas no les sucedió así, porque con la prevención de piedra, y otras cosas se les hizo tanto daño, que conocieron no sería lo que el esclavo decía y temiendo el socorro, que podía llegar, por estar ya la tierra apellidada[44], y venir bajando gente de las Alpujarras, se embarcaron a gran priesa, quedando muertos de los turcos y moriscos más de seiscientos, sin gran número de heridos, sin que de los nuestros llevasen cautivo alguno, ni cosa viva de cuantas había en la Villa, ni en el campo.

Dados, pues, a la vela, salieron los cercados del Castillo en número de trescientas personas de todos sexos y edades y con lágrimas públicas buscaron el cuerpo de su Capitán difunto, que se había ofrecido en sacrificio por la salud de la patria. Fue hallado, y le dieron sepultura con la pompa y autoridad que pudieron, y la Villa escribió al Rey, dándole cuenta del suceso de este día."

El asalto quedó reflejado, tanto en este documento, como los libros de sucesos históricos del siglo XVII, algunos con detalles de los destrozos y de las ayudas recibidas de Granada, Ugíjar y Berja.

En un opúsculo impreso en Valencia, que copia a otro de Granada del mismo año de 1620, se da cuenta de lo sucedido:

"El estrago que hicieron fue el primero en una Señora del Pópulo que llamaban 'de la Mar', tiráronla mosquetazos y la derribaron en el suelo y la hicieron pedazos a cuchilladas, y al Niño le cortaron los pies y manos y cabeza, que todo andaba por aquella playa; quebraron todas las cruces que hallaron. Entraron

---

[44] Se había dado aviso a Berja, Dalías y otros pueblos cercanos.

en el lugar y pegaron fuego a la iglesia y quemaron todo lo que tenía de madera; hicieron pedazos entre otras imágenes a un Cristo, a San Nicolás de Tolentino y el Sagrario y con ello se asaron las aves que pelaron en la Iglesia, que fueron todas las que hallaron.

La imagen de Nuestra Señora y el Relicario del Santísimo Sacramento lo retiró el Vicario a la Fortaleza, donde luego fueron los turcos y ganaron el primero y segundo suelo, en un aposento de los cuales, en lugar decente, estaba el Relicario del Santísimo sin consumirse, por el peligro de los heridos y no lo vieron por las humadas que los turcos habían echado para ahogar a las mujeres y niños que estaban en lo alto. El Vicario con muy gran riesgo de su persona, bajó, le sacó y consumió.

Lleváronse del Castillo toda la ropa, joya y dineros que habían puesto en sus mazmorras y entre lo demás, dos baúles de Marcos Monsa, señor del Ingenio, su ropa, plata y dinero que había retirado allí, con cuatro arrobas de pólvora fina para socorrer a los nuestros, de lo que los enemigos se aprovecharon. Fueron al Ingenio, quemaron toda la madera cuanta pudieron y su voladera; derramaron las mieles, llevándose más de mil quinientos pilones de azúcar blanco y todo lo demás echaron a mal.

Mataron cuantas bestias hallaron y marranos, perros y gatos, y los echaron en los pozos, y tres hombres que se han hallado en ellos; y quebraron los vasos de vino y mosto, y el trigo lo echaron todo a mal."

A partir de ese momento, Felipe III y por su orden, la Chancillería de Granada, mandó reparar, fortalecer y dotar de mayor guarnición no sólo la Villa de Adra, sino toda la costa granadina.

Carpeta V:

Corrupción en Adra

Con una anotación en lápiz rojo que dice: "Confidencial, asunto reservado sobre Ayuntamiento", se encuentra una carpeta que alguien se encargó de lacrar para garantizar su integridad. Mi curiosidad me incitó, no con cierto pesar, a romper el sello y a leer con avidez cuanto contiene, porque fui descubriendo las razones de esa declaración de secretismo, mantenido por casi 150 años. El silencio está justificado por la posible implicación en el caso, de alguien vinculado al primer poseedor de la carpeta o por tener un recurso, un as en la manga, al que recurrir en cualquier momento. Lo cierto es que carpeta y documentos han llegado íntegros hasta mí.

En los documentos se citan nombres y apellidos de personajes de la localidad y se descubren nada más y nada menos que las connivencias de las autoridades locales con el tráfico de contrabando que mantenía, -según los mismos documentos-, a casi todo el pueblo y por el que alcalde y familia, jefes de carabineros y destacados personajes sacaban pingües beneficios.

Todo ello está contenido en la magistral defensa, que es tomada como ejemplo de oratoria jurídica desde entonces, que realizó ante los tribunales de Justicia, el abogado Manuel Pérez Hernández[45], en defensa del Intendente de Almería don Francisco García Hidalgo, quien fue acusado por uno de sus subordinados y a la vez uno de los autores de los hechos delictivos, como responsable de lo sucedido.

No me resisto a copiar lo esencial de aquella defensa, porque más que mis palabras, es ésta la que certifica y da las claves de lo ocurrido en la noche del 22 de agosto de 1839, y de cómo se prepararon los sobornos, la descarga y la huida de los contrabandistas con su alijo, río arriba, por caminos y

---

[45] Manuel Pérez Fernández fue abogado y escritor extremeño afincado en Madrid. Escribió en periódicos como *La Abeja, La Ley, Boletín de Jurisprudencia, El Español y La España*, del que fue fundador.

desfiladeros, hasta la Fuente de Marbella y Turón para distribuirse por toda La Alpujarra.

"Escarmentaba así á los contrabandistas" –argumenta el abogado en defensa del intendente García Hidalgo, ante el magistrado juez-, "y enseñaba a batirse a los carabineros, cuya corrupción y desaliento habían llegado muchas veces hasta el bochornoso extremo de huir cobardemente apenas se presentaba alguna fuerza defraudadora, procuró adoptar cuantas medidas exigía la exterminación del contrabando, y las llevó á efecto con la mayor energía y decisión. Era tal, señor, su celo en este punto, que observando que la costa estaba descubierta y sin defensa en los sitios llamados la Garrofa y Rambla Honda, cuyas torres habían destruido los contrabandistas, las hizo levantar García Hidalgo a costa de su propio bolsillo y colocó en cada una de ellas un cañón de a 4, cuidando de guarnecerlas con carabineros que habían servido en el arma de artillería.

De este modo, logró el que desapareciesen las sorpresas, antes muy frecuentes y aun casi diarias, y que el servicio de la playa quedase encadenado, poniéndose los pequeños destacamentos á cubierto de un golpe de mano de los defraudadores. Tantos, tan continuos y tan acertados esfuerzos no podían ser perdidos y no lo fueron de hecho.

Los valores de las rentas, cuya administración estaba a cargo de la Intendencia, crecieron extraordinariamente y los productos de la de tabacos, que en marzo de 1838 apenas llegaba á 40.000 reales mensuales, se elevaron después a más de 200.000. En la misma proporción se reanimaron la industria y el comercio de buena fe; y por eso, cuando a fines de septiembre del propio año 1838, trasladó el gobierno a García Hidalgo a la provincia de Soria, se apresuraron a presentar peticiones, para que esa traslación no tuviese efecto, todos los ayuntamientos de la provincia de Almería, igualmente que las corporaciones y el comercio de la capital, exponiendo los eminentes servicios prestados por el intendente, a quien defiendo, y asegurando que a consecuencia de sus acertadas disposiciones había desaparecido de aquel país el contrabando; y los géneros de industria nacional, hasta entonces sin consumo alguno, lo habían tenido luego en tan alto grado, que a más de haberse despachado las grandes existencias que en los almacenes había, apenas daban tiempo para sus elaboraciones, los pedidos a las fábricas, porque se sucedían sin interrupción y como en tropel los unos a los otros.

Estos resultados materiales y notorios forman la mejor apología de D. Francisco García Hidalgo; porque seguramente no se consiguen, sino con una persecución tan constante como inflexible de los defraudadores y de sus cómplices.

—En la segunda época de su mando, que comenzó á principios de 1839, no se mostró mi representado menos activo y severo en esa persecución que lo que había sido durante la primera.

Apenas había vuelto a encargarse de la intendencia de Almería, cuando por el mes de febrero evitó un desembarco de géneros ilícitos, que se intentaba precisamente en la misma boca del río de Adra, donde más tarde hubo de verificarse el escándalo que ocasiona estos procedimientos; haciendo entonces pasar a ese punto al teniente de carabineros don Eugenio Esquiros con una partida del regimiento provincial de Murcia, que a la sazón, se hallaba en la capital cobrando letras es muy digno de notarse, Señor, que en aquellos momentos se encontró mi defendido en la situación mas apurada y crítica, pues no tenía fuerza alguna de carabineros de que poder disponer, y hasta el comandante y varios oficiales estaban procesados por el delito de connivencia, habiendo sido separados seis de éstos en los mismos días, por Real Orden.

Eso no obstante, García Hidalgo cuidó de proveer á todas las necesidades del servicio, de tal modo que ni aún tentativas se atrevieron á hacer los contrabandistas desde que se les frustró la de Adra, hasta que por el mes de julio combinaron todos sus medios, y proyectaron tres grandes alijos, que según sus planes debían ejecutarse simultáneamente por distintos puntos de la costa. Hallábase ésta no muy abundantemente guarnecida por la parte de tierra, y casi de todo punto indefensa por la del mar. Viéndola, pues, en tan deplorable estado y seriamente amenazada por los contrabandistas, se apresuró mi representado a avisar de ello, pidiendo los oportunos auxilios al gobierno, a la Dirección General de Aduanas y resguardos, y a las autoridades superiores administrativas de las provincias confinantes.

Sus gestiones, sin embargo, no produjeron todo el fruto que de ellas debía esperarse. Las medidas que la expresada dirección adoptó unidas a las de García Hidalgo, hicieron que el buque contrabandista 'Terrible' no pudiese realizar en los primeros días de dicho julio el desembarco que intentaba, y que se viese obligado á trasbordar a otra embarcación los géneros que conducía; pero en el siguiente agosto se agravaron aún más .los peligros de alijo y pusieron en tal conflicto a mi poderdante, que le precisaron á dirigirse con la mayor urgencia á los intendentes de Málaga, Alicante, y Murcia, exigiéndoles el envío de guardacostas, y al de Cádiz reclamando el del buque 'Neptuno', que por orden superior estaba destinado a las aguas de Almería. Y no se contentó el intendente de esta provincia con hacer estos pedidos en la forma acostumbrada.

Al estimulo del deber quiso añadir el de premios pecuniarios; y manifestó a sus compañeros los jefes de hacienda de las otras provincias indicadas, que desde luego sería a favor de lo que aprehendiesen cualesquiera géneros de ilícito comercio en las aguas de su demarcación, la octava parte que a él le correspondía según instrucciones, mas ni por eso consiguió que se le presentase guardacostas alguno.

De los cuatro intendentes requeridos al efecto no le contestaron sino dos, que fueron el de Murcia y el de Málaga, y estos lo ejecutaron reduciéndose el primero a asegurarle con fecha del 14 del mencionado agosto, que había dado las órdenes oportunas para que se cumpliesen sus deseos, y manifestándole el segundo con la del 20 que no podía satisfacerlos, porque el bergantín 'María Cristina' que se le pedía, se le había mandado que estuviese á las ordenes del Ministerio de Marina. Así aparece indicado todo en la comunicación elevada por D. Francisco García Hidalgo á la Secretaría de Estado y del despacho de Hacienda, bajo el núm., 175 y con la fecha del 26 del mismo agosto, é inserta en el testimonio dado con autorización judicial, que debidamente presento.

A cualquiera otro funcionario menos celoso que mi defendido, le hubiera desanimado y no poco esa falta absoluta de auxilios marítimos, tan indispensables y tan urgentes en una costa, cuya extensión es de 36 leguas y cuyos habitantes viven casi exclusivamente del contrabando. Pero el intendente García Hidalgo, lejos de desalentarse, desplegó entonces más decisión y actividad que en otra ocasión alguna.

Atento a todos los puntos por donde amenazaban los alijos, hizo disponer en junta de jefes las pocas fuerzas con que para cubrirlos se contaba, de la manera más conveniente, a fin de que se auxiliasen con la mayor presteza, y pudiesen operar en combinación donde quiera que los defraudadores se presentaran; redobló su vigilancia; aumentó las confidencias; puso en una continua movilidad á los carabineros, prohibiendo á los comandantes de distrito que permaneciesen en ningún punto mas tiempo de seis horas; y empleó por último, cuantos medios y recursos estaban al alcance de su posibilidad.

El resultado correspondió en gran parte á sus esperanzas, y las hubiera satisfecho completamente, a no haber sido por la escandalosa y criminalísima defección del subteniente de carabineros, comandante del punto de Adra don Tomás de Castro, y por la no menos escandalosa ni menos criminal, aunque que más encubierta y solapada connivencia, del capitán comandante de la demarcación, D. Agustín Clemente.

Por culpa de estos dos infieles funcionarios se verificó allí en la noche del 22 de agosto con la mayor impunidad y con la más descarada osadía un considerable alijo, sin que pudiera estorbarlo mi representado, ni le fuese factible tampoco apoderarse de los géneros que se desembarcaron entonces. Pero no sucedió eso, Señor, en los otros puntos de la costa que al mismo tiempo estaban amenazados, y donde hubo oficiales, que llenasen sus deberes y cumplieran con puntual exactitud las ordenes que por este intendente se habían comunicado á todos. No sucedió eso en el cabo de Gata, donde por los propios días se rechazó un desembarco mas cuantioso quizá que el de Adra, obligando á los buques contrabandistas que lo intentaban, a volverse a Gibraltar; ni sucedió tampoco en el castillo de los Bajos, donde si bien llegaron a echarse en tierra, y aun se trataron de introducir en la provincia una infinidad de cargas de contrabando, se aprehendieron casi en su totalidad, derrotando una fuerza muy superior de defraudadores, gracias al arrojo, valor, y decisión casi desesperada del intendente García Hidalgo.

Dentro de poco verá V.A. el parte oficial y detallado de las gloriosas acciones que, en esa ocasión, sostuvo el funcionario a quien hoy se supone connivente con los contrabandistas; y no podrá menos de admirarse al observar con cuánto denuedo y con cuánto tino se condujo en una coyuntura en que todas las probabilidades estaban en su contra, y en que sólo era dado lograr tan señalado triunfo á favor de un esfuerzo extraordinario y de una energía y de una actividad singularísimas.

Por ahora, baste decir que los contrabandistas armados que protegieron el desembarco hecho en la noche del 26 al 27 de agosto por el punto ya expresado del castillo de los Bajos y que escoltaban las cargas aprehendidas en su marcha al interior el día siguiente, eran nada menos que 600, y llevaban consigo dos pedreros[46]; que el comandante de la demarcación, D. Pantaleón Guerra, aunque les salió al encuentro en la misma playa, no pudo resistirlos eficazmente por haberse desbandado a vista de tan imponente fuerza, una parte muy considerable de la suya, y tuvo casi que ponerse a la defensiva, contentándose después de

---

[46] Boca de fuego antigua, especialmente destinada a disparar pelotas de piedra, según el R.A.E.

rechazado en sus ataques con incomodar su retaguardia, aprehendiendo algunas cargas, que rezagadas se separaron de la gran masa de ellas que, después de batido en la playa y haciendo rápidamente una marcha de tres leguas con ocho hombres y un oficial de infantería, logró colocarse el intendente García Hidalgo en una posición ventajosa, donde entretuvo á los defraudadores, hasta que viendo ya cerca al coronel, comandante de carabineros D. Antolín Legorburu con una columna de otros sesenta á ochenta infantes, se arrojó con solo cuatro o cinco caballos en medio de las fuerzas contrabandistas.

Las puso en tal confusión, que reunido en seguida con dicho Legorburu, logró consumar en pocas horas, aunque no sin alguna pérdida, ni sin gran peligro propio, pues sacó herido el caballo que montaba, su total dispersión y derrota. Axial[47] fue que, enterada S. M. la Reina, entonces Gobernadora, de tan singular y relevante servicio, se dignó mandar por Real Orden de 9 de octubre del citado año 39 (que también está inserta en el testimonio presentado), que se recomendase al Ministerio de Estado, como se hizo, al intendente mi defendido, para la concesión de la Cruz de Comendador de la Real Orden Americana de Isabel la Católica, libre de todo gasto, cuyo diploma se le expidió efectivamente, cual ya consta al tribunal; acordando otras gracias al coronel comandante Legorburu, al teniente Guerra y a los demás aprehensores, que se habían distinguido, dictando medidas para el castigo de los culpables; y previniendo, en fin, que con el de que un hecho de armas tan glorioso y unas remuneraciones tan justamente adquiridas, sirviesen de ejemplo y estímulo á los demás empleados del ramo, se circulara y publicase en todas las comandancias la expresada real orden por medio de una general, anotándose esta mención honorífica en las respectivas hojas de servicio de los que las habían merecido.

---

[47] De esta manera, por tanto.

Pues estos mismos denodados defensores de las rentas del Estado, que entonces merecieron esas señaladas y brillantes recompensas; el mismo intendente, el mismo coronel comandante y el mismo teniente de carabineros, a quienes el gobierno presentó a todos los empleados de Hacienda como modelos de lealtad y decisión por los intereses públicos, cuya custodia les estaba encomendada, para que su conducta les sirviera de ejemplo y estimulo; estos mismos son, Señor, los que un año después se pintaron ante la Audiencia de Granada como cómplices y auxiliadores de los contrabandistas, y los que hoy se quiere que aparezcan bajo tan odioso e infame carácter ante la suprema justificación de V.A.

No se han tomado por pretexto para ello, los sucesos de la noche del 26 y del día 27 de agosto; porque aun cuando ha querido desfigurarlos la calumnia, hablaban tan demasiado alto los hechos en aquella ocasión ocurridos, para que dejaran de imponerla, como la han impuesto silencio.

Las circunstancias que concurrieron en el alijo del 22 prestaban mejores apariencias, y de estas apariencias se echó mano, no sin habilidad, y hasta ahora con excesivo fruto. Ese alijo (jamás lo ha negado ni lo negará D. Francisco García Hidalgo) fue ciertamente bajo todos aspectos y en todos sentidos, escandaloso. Hubo en él connivencias en extremo criminales y casi increíbles. Hízose, no a escondidas, ni a favor de las tinieblas, sino en público, a plena luz, a la vista y en presencia del comandante y carabineros del punto, de las autoridades de la milicia y de un no pequeño vecindario, y sin resistencia verdadera y formal, sin represión ni persecución alguna, y antes con protección manifiesta y decidida.

A media tarde del referido día 22 de agosto fue cuando los dos buques contrabandistas, el 'Terrible' y el 'Napoleón', se presentaron en las aguas de Adra. Al ponerse el sol anclaron con la mayor desfachatez frente á la desembocadura del río que lleva el nombre de aquel pueblo y que no dista de él más que unos quinientos pasos.

A breve rato todos los habitantes de Adra veían, con motivo de haber una clarísima luna, que se estaba ejecutando impunemente un desembarco de géneros de fraude; todos observaban que iban y venían de los buques a la playa varias barcas pescadoras y que, a orillas del agua había porción considerable de gente y de caballerías, esperando las cargas. Nadie se movió, sin embargo, para estorbar semejantes operaciones, hasta que bien adelantada ya la noche, a las diez y media, obligado el alcalde D. Nicolás de Roda, por una reclamación del administrador de rentas, a quien avisó de lo que ocurría un cabo de carabineros, fiel á sus deberes, mando reunir la milicia nacional, haciendo tocar generala.

Reuniose en efecto la fuerza ciudadana, pero sin fruto. No tenía municiones, y aunque su comandante las reclamó, no se la dieron. Por toda prevención en este punto, se distribuyó un cartucho por plaza. Salió, no obstante, del pueblo la milicia bajo las órdenes del comandante de las armas; pero salió batiendo marcha, y en dirección opuesta al sitio del alijo. Hizo alto en el varadero de los barcos a la izquierda del puerto, y a no gran distancia de la boca del río, y allí permaneció por espacio de hora y media, siendo espectadora de dicho alijo.

En este tiempo se adelantó con un alguacil el mismo alcalde; se introdujo en la línea de escopeteros que tenían formada los contrabandistas; conferenció largamente con estos últimos, y después de habérsele incorporado allí mismo otros dos alguaciles, a quienes dirigieron para encontrar al alcalde los mismos escopeteros, volvió a donde estaba estacionada la milicia, dando orden a los puestos avanzados de que no hiciesen fuego. Hízose, sin embargo, y a su pesar, porque habiendo disparado un tiro el cabo de carabineros que había avisado al administrador de rentas, y que a las órdenes de éste se había colocado con cuatro individuos del cuerpo en sitio a propósito para hostilizar a los defraudadores, les contestaron con una descarga.

Grande confusión y desorden causó este incidente entre los contrabandistas, porque infinitos espectadores curiosos echaron a correr apenas se oyó el tiroteo, y también se pusieron en fuga un número considerable de cargueros, cortando antes y abandonando, para huir con más desembarazo sus cargas respectivas. Nada hubiera sido más fácil que el apoderarse entonces de todas las del alijo, si hubiera avanzado la milicia; pero en vez de hacer que lo ejecutara, se le mandó replegarse a la plaza del pueblo, y allí se la entretuvo so pretexto de buscar municiones, que no se hallaron, durante algunas horas, al cabo de las cuales se la condujo otra vez hacia el lugar del desembarco, donde no había quedado ya persona, carga, ni caballería alguna.

Así fue. Señor, como se realizo el atentado de la noche del 22 de agosto; y sólo así, es decir, conspirando abiertamente en favor del intento de los defraudadores cuantos tenían obligación de impedirlo, fue como pudieron aquellos llevarlo a cabo impunemente en un punto de la provincia encomendada a la vigilancia y celo de D. Francisco García Hidalgo.

Habíanlo, dirigido y preparado todo, como resulta de la causa, D. Nicolás Aquino, persona influyente en el país, José González, vecino de Turón y corredor de contrabandos y D. Antonio Roda, escribano de marina y de guerra en Adra, y hermano del alcalde de este pueblo, puestos de acuerdo y asegurados por el capitán de carabineros D. Agustín Clemente, y por el subteniente comandante del punto, D. Tomás de Castro; y dicho se está, que habían tomado demasiado bien sus medidas para que no pudieran tener oportunamente ningún aviso las columnas de reserva colocadas en Dalias, en Roquetas y en Feliz, que hubieran podido obrar en otro caso con grande fruto, contra los contrabandistas. De hecho se cuidó de no dar parte á quien pudiera hostilizarlos eficazmente, hasta que las cargas estuvieron en seguridad. El intendente, el comandante de carabineros de la provincia y el de la demarcación a que corresponde Adra, recibieron la primera noticia del suceso del 22, casi al medio día del 24. Cada cual adoptó, sin perder momento, las disposiciones que el caso requería y que respectivamente les tocaba adoptar; pero no podía menos de ser, y efectivamente fue, todo en vano. El mal estaba ya hecho; y el único remedio útil que quedaba era el de perseguir y castigar con todo el rigor de la ley a los culpables,

Con este fin ordenó mi defendido, que saliese sin demora, como salió, el ayudante de carabineros a instruir el correspondiente sumario con prevención de que asegurara y remitiese a disposición suya al comandante del punto que tan vil é infamemente se había comportado. En cuanto a este último no se cumplió la orden; porque el subteniente D. Tomás de Castro sabía bien que sería inexorable en su-persecución y castigo el intendente de provincia, y procuró con tiempo sustraerse del alcance de su autoridad por medio de la fuga. En lo demás, el ayudante evacuó su cometido con celo, pero sin grandes resultados.

Cuando él llegó a Adra, el alcalde y el comandante de las armas, que en sus partes a las autoridades superiores respectivas habían desfigurado los sucesos de la noche del 22, hasta el punto de suponer que la milicia nacional había hecho una resistencia heroica á los contrabandistas, y que si bien no habían podido impedir por la inferioridad de sus fuerzas el desembarco e introducción de algunas cargas, habían obligado a los buques a suspender el alijo, y retirarse con el resto.

Tenían ya empezadas diligencias dirigidas a justificar semejante aserto, y a encubrir sobre todo, la delincuencia de los verdaderos culpables. Aleccionados allí sobre el modo con que habían de deponer la mayor parte de los testigos presenciales del lance y sus incidencias, se expresaron ante el ayudante comisionado en los mismos términos en que aparecían concebidas las declaraciones de antemano tomadas por el referido alcalde, y por el también mencionado comandante de las armas. De donde provino que, al cabo de veinte días de actuaciones, no se descubriese por ellas otra cosa más que la culpabilidad manifiesta del subteniente Castro, y la entonces no muy patente, pero bastantemente indicada ya, del capitán D. Agustín Clemente.

Convencido, aun antes de ver ese resultado, el intendente García Hidalgo de la necesidad de encargar la continuación de la causa a persona más caracterizada que el ayudante, y cuyos respetos fueran superiores a los de que gozaban los apadrinadores del fraude, pensó en trasladarse él mismo a Adra con tal objeto, y así lo manifestó a la Dirección General de Aduanas en comunicación oficial de 2 de septiembre, que también viene inserta en el testimonio presentado; pero impedido de hacerlo, primero por ocupaciones preferentes, y después por la necesidad de ausentarse de la provincia en uso de real licencia que había obtenido para restablecer su salud, confió tan importante comisión en 11 del mismo mes al coronel comandante de carabineros D. Antolín Legorburu. Dedicose éste a desempeñarla con actividad y con tino, y muy luego recogió cuantos datos podían necesitarse para la comprobación de los hechos tales como pasaron, y de sus autores y cómplices.

Desgraciadamente no desplegó igual acierto y energía la subdelegación de Rentas en las actuaciones contenciosas. Mostrose, por el contrario, excesivamente prodiga en la aplicación de la Real Gracia de indulto, concedida en Decreto del 10 de octubre de 1839, sin cuidar siquiera de consultar con la Audiencia territorial sus actos de sobreseimiento y, únicamente juzgó e impuso el merecido castigo al subteniente Castro y al capitán Clemente. Este, que separado del mando de la primera compañía de carabineros, y llamado a la capital por orden del 13 de agosto, que recibió el 15, no había querido cumplirla en ninguno de sus dos extremos difiriendo, bajo falsos pretextos, la entrega de dicho mando hasta el día mismo del alijo, y su presentación en Almería hasta el 24; fue suspendido de empleo y sueldo por providencia asesorada de 13 de septiembre; y condenado en definitiva por la precitada subdelegación mediante esos cargos y el de connivencia directa con los defraudadores, que resultaba comprobado por varias declaraciones, a la pérdida de su destino, con inhabilitación perpetua para servir en el Cuerpo de Carabineros, é imposición de costas.

Mas apeló ante la Audiencia de Granada, presentándose como una victima del espíritu de partido; prevaliéndose de la ventaja de no tener contradictor que, enterado de los hechos, pudiera desmentir sus falsas aseveraciones; calumniando con la mayor osadía al intendente García Hidalgo y al coronel comandante Legorburu; suponiéndose inocente bajo la fe de papeles, logró que el fiscal de aquel tribunal tomase su defensa, y que éste, después de declarar nulo todo lo obrado en la causa desde que empezó a actuar en ella el citado comandante Legorburu, mandara sobreseer por entonces libremente y sin costas por lo respectivo á Clemente, reponiéndole en su empleo y goce de sueldo, y sobreseyera también por lo tocante al alcalde D. Nicolás Roda, ordenando que se procediese a la prisión de los reos indultados y los demás que aparecieran; que se formara pieza separada contra D. Antolín Legorburu, y que se sacase el tanto de culpa que resultaba contra el intendente García Hidalgo.

Al sacar ese tanto de culpa, se tuvo buen cuidado de hacer compulsar cuantos documentos pudiesen causar algún perjuicio a mi defendido, omitiendo hasta la más pequeña indicación de muchos otros que en la causa obraban, y que producían datos al mismo favorables.

El señor fiscal de este tribunal supremo, enterado del testimonio que había enviado la audiencia, aunque creyó encuadrar en él méritos bastantes para proceder contra el intendente García Hidalgo, advirtió con laudable circunspección, que no podía formarse un juicio completo y acertado acerca de su conducta, sin tener á la vista toda la causa a que el tal testimonio se refería. Por eso pidió, en su censura de 16 de diciembre de 1840, que se reclamase la remisión del proceso original si se hallaba terminado, o de una compulsa íntegra en el caso de que estuviese pendiente todavía. Acordado así por el Tribunal., y reunida después de bastante tiempo la compulsa, se paso a principios de julio a aquel ministerio, el cual devolvió los autos en 22 de septiembre, proponiendo se decretase la formación de causa contra mi representado.

De cualquier modo, el primero y principal de esos cargos, el que más explícitamente supone el feo crimen de connivencia con los defraudadores, y el que por lo mismo interesa examinar y desvanecer antes que ninguno otro, es el deducido de las disposiciones que se dice adopto mi representado respecto á los oficiales del resguardo D. Agustín Clemente y D. Tomás de Castro en los momentos inmediatos á la realización del alijo del 22 de agosto, y cuando ya le constaba estar amenazado por los contrabandistas el puerto de Adra.

Las disposiciones a que en este cargo se alude, redúcense a que en vez de haber atendido a las reclamaciones y aviso del referido capitán Clemente que, cumpliendo con su deber, denunciaba la próxima realización de un desembarco de fraude, y pedía se le facilitasen los medios necesarios para estorbarlo, el intendente le removió de su destino, y confió la vigilancia del punto al otro oficial Castro, que se fugó con los contrabandistas.

La confusión estaba servida. El Capitán Clemente había logrado que todo lo actuado en su contra se volviera hacia sus jefes inmediatos, haciendo creer al Tribunal que fue cesado para que los contrabandistas tuvieran vía libre. Pero el hábil abogado siguió argumentando la defensa de Don Francisco García Hidalgo:

"Que admira, y justamente sorprende", dijo el señor fiscal en la ya expresada censura de 22 de setiembre, la conducta de García Hidalgo y Legorburu, al examinar los expresivos y continuados partes que desde el momento en que se hizo cargo del mando les dio Clemente, porque no es fácil conciliar la constante vigilancia y exacto comportamiento de este subalterno, para evitar el alijo que tanto recelaba, con la indiferencia y apatía de sus jefes, que en lugar de secundarle y protegerle parece que sólo pensaban en oponer obstáculos a sus sanas intenciones y decidido conato por el mejor desempeño del servicio que le estaba confiado.»

«Quejábase el capitán Clemente, añadió Su Ilustrísima, de la poca fuerza con que poder acudir al largo distrito que tenía a su cargo, y en lugar de aumentarle la pequeña que desde el principio se dejó a sus órdenes, se le quitaba todavía más. Hacía presente la falta de cohetes y hachos para señales, y nada se le contestaba; manifestaba las faltas imperdonables de varios de sus subalternos, y lejos de castigarlos, se les dejaba continuar; clamaba, en resumen, porque se acercaba el peligro y no se le atendía. Muy lejos de esto, se le removió de su destino, suponiéndole confabulado con los contrabandistas.»

De esta remoción dedujo el señor fiscal que había resultado el escandaloso alijo hecho á los siete días de haber dejado ese capitán el mando; y la misma observación reprodujo en su acusación de 2 de diciembre, esforzándola con la de que al tiempo de haberse separado del punto amenazado de Adra al referido capitán, se hizo pasar a él y se encomendó su custodia, según había manifestado terminantemente en su declaración mi defendido, al subteniente Castro, que faltó luego a su deber hasta el extremo de fugarse traidoramente con los contrabandistas, como también había expresado en su confesión el propio García Hidalgo.

Para rebatir este cargo, que he copiado casi textualmente con el objeto de que nunca pueda reconvenírseme de haber intentado atenuar su fuerza, no me valdré yo de consideraciones análogas en su índole a la del raciocinio, puramente conjeturas, en que el tal cargo descansa.

No llamaré la atención de V.A. sobre la circunstancia importantísima de que aun siendo cierto todo cuanto se asegura acerca del celo y decisión de Clemente por el cumplimiento de su deber, de sus reclamaciones desatendidas, y de sus avisos despreciados, y de su separación y reemplazo por el oficial Castro, decretados en el momento crítico de aproximarse el alijo, todavía no se inferiría forzosamente que el intendente hubiese estado, cual se supone, en connivencia con los contrabandistas; porque, ¿No hubiera podido suceder muy bien hasta en aquella hipótesis que este funcionario hubiese sido engañado por falsos informes respecto a las cualidades de esos dos subalternos, y a la confianza que cada cual de ellos debiera inspirarle? ¿No acontece de hecho, y con demasiada frecuencia por desgracia, especialmente en tiempos de revueltas y convulsiones políticas, que casi sin cesar trastornan la administración pública, que en vez de atenderse y auxiliarse, se separa indebidamente a un empleado capaz, celoso, y benemérito, reemplazándolo con otro inepto, apático, y hasta infiel y concusionario? ¿Y podría hacerse en razón y en justicia un cargo de connivencia en las maldades de este último, al ministro, o al jefe que hubiese acordado su nombramiento o la separación del otro, sin más motivo que por el de haber resultado perjudicial en sus efectos la medida?

¡Desventurados de los gobernantes, y con particularidad de cuantos en España lo han sido durante nuestras largas guerras y disensiones, si semejante doctrina prevaleciera! No habría uno, señor, ni uno solo seguramente, que en tal caso no pudiera ser llamado a juicio, y no tuviera que responder por ese capítulo a cargos bien graves y tremendos. Pero nunca hasta ahora, que yo sepa, se ha tratado de dar por verdadera y corriente tan peligrosa teoría. Si siempre se ha creído, por el contrario, que para perseguir y castigar a un superior, como culpable o cómplice de excesos cometidos por un subalterno suyo, es menester algún dato más que el simple hecho de haber puesto éste en el lugar que antes ocupase otro empleado mejor y más digno.

Siempre se ha considerado indispensable que conste que aquel obró con dolo en esa sustitución o subrogación de funcionarios; siempre se ha juzgado, en fin, preciso que haya alguna prueba de la concusión o connivencia que en ella hubiese intervenido. ¿Y la hay aquí de la que a García Hidalgo se atribuye? ¿Existe en el voluminoso proceso que tiene á la vista V. A. algún documento que realmente la revele? ¿Se ha atrevido a indicarla, ni aun con remotas alusiones alguno de los casi innumerables testigos examinados en la causa? ¿La ha insinuado tampoco ninguna de las muchas personas que en la misma fueron tratadas como reos? No, por cierto.

La supuesta culpabilidad de mi defendido solo la había asegurado su calumniador Clemente, hasta que el fiscal hizo en apoyo de ella ante la Audiencia de Granada las observaciones que ante V. A. se han reproducido y esforzado por el mismo ministerio. Y dígnese notar el tribunal, que si hubiese habido , no ya motivo fundado, sino algún pretexto siquiera punible para decir que el intendente a quien defiendo, había sido connivente con los contrabandistas que ejecutaron el alijo del 22 de agosto, o con los auxiliadores, que tan eficaz y descaradamente los protegieron en aquella noche, no habrían dejado de expresar en descargo y para disculpa suya semejante circunstancia los dueños y patrones de las barcas pescadoras, el corredor del contrabando, y con mayor motivo todavía D. Nicolás Aquino, el escribano D. Antonio Roda, y su hermano D. Nicolás, el alcalde de Adra; todos los cuales sí fueron descubiertos y procesados, de resultas de las medidas adoptadas por García Hidalgo para que la causa se instruyese con actividad y firmeza, y rindieron sus declaraciones, cuando ya éste no desempeñaba la intendencia de Almería, ni aun se hallaba en la provincia.

Hasta por despecho y venganza lo habrían afirmado, aunque no tuviesen el menor fundamento, a no haber temido que todo el mundo rechazase con indignación, entonces que estaban recientes los sucesos, y allí que nadie los ignoraba ni desconocía, tan grosera y torpe calumnia. Y con efecto, señor, ¿Quién, que haya presenciado los esfuerzos incesantes y verdaderamente heroicos de García Hidalgo por la extirpación del contrabando en aquel país durante las dos épocas de su administración; quién que le haya visto vigilar tan asiduamente y con tanto fruto por el aumento de las rentas y por los progresos de la industria nacional y del comercio de buena fe; quién, por último, que sepa que á su costa construyó torres que estaban destruidas, y las proveyó de cohetes para las señales, que pidió auxilios marítimos, renunciando en favor de los que se los prestaran, la parte que le correspondía en las aprehensiones; que se batió muchas veces, las más de ellas con completo éxito, y siempre con denuedo y con gloria, cuerpo á cuerpo contra los defraudadores; quién, repito, que esté instruido de todo eso, podrá creer que se puso de acuerdo con los mismos contrabandistas para proteger el desembarco de Adra en la noche arriba citada, relevando con tal intento siete días antes al capitán Clemente por el subteniente Castro?

Pues qué, el intendente que en febrero había echado mano de la poca fuerza que tenía para impedir, como impidió en el propio sitio un alijo, ¿Habría de consentirlo y autorizarlo en agosto? El, que en este mismo mes, y por los mismos días rechazó uno en el Cabo de Gata, y aprehendió después de una lucha tan desigual como peligrosa otro, mucho más considerable, efectuado por el castillo de los Bajos, ¿Habría de obrar de distinto modo en aquel punto?

Los empleados que, como García Hidalgo, prodigan sus intereses y sacrifican su reposo, y se arrojan sin reparo ni vacilación una y otra vez en brazos de la muerte por refrenar el contrabando, no son ciertamente los que entran en tratos vergonzosos con los defraudadores y les venden su propia honra y la confianza del gobierno. No caben en un corazón sentimientos tan opuestos, ni es posible que un alma tenga dos tan contrarios temples.

Pronto verá V.A. patentizado con pruebas todavía mas directas y precisas, que no el intendente, mi defendido, sino su calumniador, fue el connivente y el culpable en el desembarco de Adra. Pero antes de entrar en esta demostración, permítaseme dejar sentado con una que no admite réplica, un hecho que considero de la mayor importancia.

Aunque, como he dicho, y creo haber persuadido poco ha, no pasa de ser una conjetura la que en la acusación se deduce contra D. Francisco García Hidalgo del supuesto de haber encargado la custodia de dicho punto de Adra, -cuando ya sabia estar ese punto amenazado, al subteniente Castro, que se fugó con los contrabandistas, separando de allí al capitán Clemente; no he negado, y lejos de ello, reconozco de buena fe que habría un indicio, no poco vehemente , cuando no de connivencia , por lo menos de una notable falta de vigilancia y de celo, si el tal supuesto fuese exacto. Pero por fortuna no lo es.

En la declaración indagatoria de mi representado se lee ciertamente un periodo que por efecto sin duda de equivocación sufrida al dictarlo o redactarlo, dice que «veinte y cuatro horas antes de verificarse el expresado alijo de Adra se vio (García Hidalgo) precisado á suspender de empleo y á hacer que se presentase en la capital dicho capitán Clemente», por haberse asegurado el declarante de la manera mas convincente que se había vendido al oro de los contrabandistas, como «más adelante hará ver al supremo tribunal:» y después continúa: «en tal situación, hizo pasar al subteniente Castro á encargarse del punto amenazado de Adra , con orden de que a todo trance, y hasta perder las dos terceras partes de su gente, rechazase, sino podía aprehender a los defraudadores de las rentas, impetrando el auxilio necesario de las autoridades civiles y militares de dicha villa, etc.»

Había en este periodo tres errores de no pequeña trascendencia, a saber: 1. ° el de que el capitán Clemente hubiese sido suspendido de empleo antes de verificarse el alijo: 2° el de que el tiempo que había mediado entre su cesación en el mando y este suceso, hubiera sido de 24 horas; y 3º y principal, el que de resultas de dicha cesación se hubiese hecho pasar por García Hidalgo al subteniente Castro á encargarse del punto amenazado de Adra.

Al verse reconvenido sobre estos particulares en su confesión mi defendido, advirtió que se había equivocado, «respecto (dijo al folio 74 de la «pieza corriente) á haber sido suspenso de empleo y sueldo el «capitán D. Agustín Clemente 24 horas antes de verificarse el «alijo, es una equivocación del confesante, pues que confundió la orden de suspensión con la que dio horas antes del alijo «para que el dicho capitán Clemente se le personase en Almería, «pues que tenia entendido se encontraba en Adra, contrariando de este modo las disposiciones del que confiesa. Que el subteniente Castro (añadió) no fue nombrado por el confesante, sino ratificado en el cargo que anteriormente desempeña en la dicha villa de Adra, según orden que pasó al jefe del Cuerpo de Carabineros el 21 de agosto, y que fue comunicada en el mismo día por medio de un carabinero montado.»

Hasta en esta última rectificación volvió a equivocarse mi representado; y no es extraño en verdad que así le sucediera, cuando hablaba de hechos ocurridos dos años ha, cuyos pormenores no podía fácilmente conservar en la memoria, y únicamente los hubiera recordado con exactitud, si se le hubiesen leído los antecedentes consignados en la causa, lo cuál no se efectuó, ni fue por él exigido, en razón de su considerable volumen. Pero, afortunadamente, es ahora facilísimo establecer la verdad con datos incontestables.

No puedo asegurar a punto fijo en este momento, cuándo ni con orden de quién, se encargó del de Adra el infiel subteniente Castro: Tengo entendido que por el mes de julio de 1839 ya le estaba confiada la custodia de aquella parte de la costa, y no me faltan motivos para creer que se la encomendó el propio capitán Clemente como su inmediato jefe.

En el término de prueba se depurará todo esto de una manera que aleje hasta la más ligera duda. Mas no es menester aguardar a tal plazo para dejar asentado lo que principalmente importa, que es que no coincidió, ni mucho menos subsiguió, a la separación de dicho capitán el nombramiento del también mencionado subteniente, y que ni aun ratificación expresa y formal se hizo de semejante nombramiento en los momentos próximos a la realización del alijo. Ambas cosas constan en autos.

Al folio 560 de la compulsa venida de Almería, y precisamente entre los documentos presentados para su pretendida justificación por D. Agustín Clemente, se hallan tres oficios dirigidos por él al subteniente D. Tomás de Castro, jefe del punto de Adra, con fechas de ocho, diez y once de agosto. De donde resulta que si el 8 de ese mes mandaba ya Castro en Adra, como jefe del punto, ejerciendo las funciones de capitán de la compañía, y comandante de la demarcación Clemente, es imposible que el 21 se le hiciese encargarse del mismo punto, con motivo de la separación de éste, como equivocadamente dijo en su declaración mi defendido.

Lo que realmente se hizo, fue pasar a Castro como tal jefe del punto en el expresado día 21 de agosto, la orden reservada núm. 411, de que hay copias íntegras en varios lugares del proceso, y señaladamente al folio 3 de la precitada compulsa, y al 7 de la pieza corriente: Orden en la cual se le trasmitía el aviso de estar el propio punto amenazado, y se le hacían serias y urgentes prevenciones sobre el modo como debía conducirse para aprehender o rechazar el alijo; orden que por sí sola bastaría para justificar enteramente al intendente, mi representado; y orden en cuyo contexto no hay ni una palabra siquiera que manifieste haberse efectuado en favor de dicho Castro la ratificación de que también con error habló en su confesión aquel.

Más adelante tendré necesidad de volver a ocuparme de esta orden, pero por ahora creo que basta y sobra con lo expuesto para demostrar que en los momentos inmediatos al alijo no se ejecutó novedad alguna respecto al oficial que después resulto connivente. Estaba de antemano en Adra; y porque lo estaba, y; porque de él no se tenía sospecha, se le dirigieron con oportunidad las advertencias e instrucciones que el caso requería. Habíase separado, si, o para hablar con más propiedad, se había mandado que se separase de aquel distrito el capitán Clemente, y ¡Ojalá no hubiera podido eludirse cual se eludió este precepto! Quizá y sin quizá no se habría atrevido en tal caso a consumar su crimen el infiel Castro; y de seguro, aunque hubiese querido consumarlo, habría impedido la verificación del desembarco, o por lo menos, se habría apoderado de los géneros desembarcados el valiente y leal teniente Guerra.

El capitán Clemente, de quien el señor fiscal habla con tanto encomio en sus censuras, presentó para sincerarse en la Intendencia de Almería varias copias de oficios que sirven hoy de principal, o más bien de exclusivo fundamento al cargo que nos ocupa. Con esas copias es con lo que se quiere probar que se desatendieran sus reclamaciones, y fueron despreciados sus avisos. Algunas (sin que se sepa cuáles, pues sólo se citan por los folios en que están unidos á la causa original) parece se cotejaron con sus originales respectivos, cuando esa causa se recibió a prueba en aquella subdelegación.

Mi defendido, sin embargo, no puede admitir ninguna por auténtica, mientras no se compulsen o confronten con su citación, sin cuyo requisito nada valen para él. Aun después de confrontadas no producirán tampoco el menor mérito en contra suya.

Debe tenerse muy presente que, excepto una comunicación fechada en 25 de junio de 1839 y relativa a la extensión o limitación de atribuciones con que había de mandar Clemente la primera compañía de carabineros a que estaba destinado, no hay entre las presentadas por ese capitán ninguna que se dirigiese al intendente.

Todas, así la que se figura hecha en solicitud de hachos y cohetes para las señales, como las que se suponen efectuadas, ora reclamando fuerzas, ora proponiendo la separación de individuos poco exactos en el cumplimiento de sus deberes, ora dando parte de anuncios ó temores de alijos.

Debe notarse que los hachones se hacen en las mismas torres sin otra materia que el esparto[48], del cual está siempre lleno el suelo que las circunda.

Debe por último tenerse presente que, según dijo mi defendido en su confesión, y se acreditará en la prueba, estaban tan lejos de hallarse desprovistos de hachos y cohetes las de la demarcación de la primera compañía en agosto de 39, como que á las señales por ellas hechas en la noche del 22, se debió la aprehensión del alijo efectuado por el castillo de los Bajos, cuyo punto se encuentra situado en la misma demarcación.

De aquí puede deducirse hasta qué extremo tan escandaloso ha faltado a la verdad el calumniador Clemente en sus invectivas contra sus superiores; siendo también digna de tomarse en cuenta la circunstancia de que en los presupuestos del Estado no hay partida alguna de gastos destinada á cohetes para señales, por lo cual no habría sido extraño que, no los hubiese, y de hecho no los habría habido, á no haberlos costeado mi principal del fondo de su octava parte de aprehensiones. Por lo tocante á las fuerzas de que aquel podía disponer, y a los avisos que diese de tentativas de alijo, no tienen sus inculpaciones mejores fundamentos.

Nunca estuvo desguarnecida la parte de costa que se puso á su cuidado, ni nunca se careció, mientras García Hidalgo mandó en Almería, de noticias bastante exactas acerca de los proyectos de los contrabandistas.

---

[48] El esparto fue una de las fuentes de la economía abderitana, hasta el punto de que sirvió de labor de espionaje industrial en 1863, tal como se cuenta en esta obra.

Las fuerzas de Carabineros en Almería

La fuerza del Cuerpo de Carabineros, capaz de hacer servicio de armas en esa provincia, no paso jamás de 300 hombres, y se dividía en tres compañías, nombradas 1ª, 2ª y 3ª, cada una de las cuales constaba de más de 100 plazas con corta diferencia.

Los distritos que respectivamente ocupaban, eran también tres, a saber: el de Poniente de la capital, que comprendía desde Torrealnerica, que confina con la provincia de Granada, hasta la casa del Palmar, situada a un cuarto de legua hacia levante de la torre de la Garrofa, cuyo distrito era el encargado al capitán Clemente, y tendrá unas diez a once leguas de playa; el segundo, que no tenia sino unas seis leguas de playa, pero en cuyo territorio se hallaba la capital, empezando en dicho punto del Palmar , y terminando en el Cabo de Gata; y el 3.°, que se extendía desde este cabo hasta Pulpí, cerca del pueblo de Águilas, abrazando una costa de más de diez y ocho leguas.

La distribución del servicio y de la fuerza entre estos distritos se verificaba periódicamente en una junta de jefes, compuesta del Intendente, que la presidía, del contador de Rentas, del administrador de Provincia, del de aduanas , del tesorero, y del comandante de carabineros, tomando en consideración para hacerla las necesidades del momento y las circunstancias del personal de la comandancia.

El segundo distrito, aunque de menos extensión, solía exigir más número de carabineros que los otros; porque se necesitaban muchos para vigilar las puertas, el radio y el puerto de la capital. El tercero demandaba también, por el dilatado territorio que comprendía, una fuerza mayor que el primero. Sin embargo, constantemente fue éste el mejor atendido, y eso que su playa tenía la ventaja de ser llana y de poderse cubrir en consecuencia con mucha mayor facilidad por la aplicación del arma de Caballería.

La compañía del capitán Clemente contaba de más de 120 hombres efectivos, inclusos 16 montados, pues correspondían a ella las columnas y destacamentos de Feliz, Dalias, Roquetas, y Adra. En este último punto había una brigada al mando de un subteniente: en Roquetas, pueblo situado entre Almería y Adra, a cuatro leguas de aquella ciudad y a seis de esta villa. Existían 15 caballos a las órdenes de otro oficial; en Dalias, distante como unas tres leguas de la boca del río del dicho Adra, se encontraba un destacamento con su oficial; y en Feliz, que está a tres leguas de la playa, a cinco de Adra, y a cinco de la capital, se había estacionado una columna de 50 carabineros, dirigida por el teniente de la compañía, y dispuesta a acudir a cualquiera parte que se viese atacada desde Almería hasta el límite de la Comandancia, por la parte de poniente.

Todos estos destacamentos formaban la línea exterior de la playa, o llámese reserva, pues además estaban guarnecidas las torres con dos individuos cada una, y cubierto el servicio de la costa de la manera que permitía la fuerza del resguardo.

En la parte encomendada al capitán Clemente se encontraban el castillo de Guardias Viejas (dos leguas á poniente de la boca del río de Adra), la torre de Entinas, la de Rambla Honda, y el castillo de los Bajos; y había el auxilio particular de los guardas de las salinas de Roquetas, que en los meses de julio, agosto y aun septiembre, pasaban de 20 hombres, y que tenían orden expresa de ponerse en caso de necesidad a disposición del capitán de carabineros, jefe de aquel distrito, cooperando, según les previniese, a la persecución del contrabando.

Con tantos y tan poderosos elementos D. Agustín Clemente se quejaba, según se dice, de falta de fuerzas; y los otros dos capitanes con menos medios de defensa, y con más atenciones que cubrir, no hacían reclamación alguna sobre el particular. Esta circunstancia es muy notable, y todavía merece mayor atención la de que en los distritos 2º y 3º no se verificó ni un solo alijo en las dos épocas de la administración de García Hidalgo, pues el intentado en el cabo de Gata fue rechazado en sus tres citas o amenazas de desembarco, obligándose, como ya se ha dicho, al buque que lo intentaba a volver á Gibraltar; al paso que en el distrito primero, en el que estaba á cargo de ese celoso oficial Clemente tuvieron lugar dos en el intervalo de poquísimos días; uno, el de la noche del 22 de agosto por la boca del río de Adra, y otro, el del 26, por el castillo de los Bajos. Y no fue, señor (dígase lo que se quiera) porque el 13 de dicho mes se le quitase el mando de la compañía por lo que ocurrieron tan escandalosos hechos.

Los antecedentes del Capitán Clemente

El capitán Clemente, que después ha sido bastante afortunado para inspirar confianza al ministerio público y a la Audiencia de Granada, no merecía ninguna a sus jefes en la provincia de Almería. Desde luego había ido a ella con antecedentes harto desfavorables. En la de Sevilla, estando de capitán de carabineros por el año de 1836, se le había formado una causa ruidosísima sobre varios excesos cometidos en el ejercicio de su destino, de cuyas resultas había sido condenado en costas y declarado cesante.

Destinado, sin embargo, a principios del año de 1838 a la Comandancia de Barcelona, había dado lugar en su tránsito desde aquella á esta ciudad , a que se le reconviniese por el patrón del buque que lo condujo, Miguel Maristany, de haberle sustraído veinte y tantos mil reales que traía a bordo en oro, con la guía correspondiente, y a que en su consecuencia se instruyeran por el juzgado de Marina del Tercio y provincia de Barcelona diligencias en que se sobreseyó, por haberse convenido Clemente con el demandante en satisfacer a este lo que le reclamaba, después de haber presentado unas veinte onzas de las que se habían echado de menos en la escotilla del barco.

Con posterioridad, habiendo sido nombrado intendente de la misma provincia de Barcelona, el Sr. Pazos, que había conocido a Clemente, siéndolo de la de Sevilla, pasó una orden a la Comandancia, para que dicho capitán no hiciese servicio alguno, y fuera relevado del mando de la compañía de Mataró, y pidió al Gobierno su cesantía, que tuvo efecto al poco tiempo.

Eso no obstante, consiguió después Clemente que la dirección le repusiera en su empleo, mandando borrar las notas desfavorables que aparecían de su hoja de servicios, y aprobando otra redactada conforme a algunos certificados que presentó D. Francisco García Hidalgo, que sabía todo esto, que no podía oponerse á las resoluciones de la superioridad, pero que tampoco podía depositar su confianza en persona de cuyas buenas cualidades dudaba mucho: viéndose obligado a ponerle al frente del primer distrito de su provincia, lo hizo con las restricciones que la prudencia y su deber mismo le aconsejaban en aquellas circunstancias, y estuvo siempre muy a la mira de las operaciones de un empleado, que le era tan sospechoso.

En 13 de agosto tuvo noticia confidencial, pero demasiado cierta, de que se había puesto de acuerdo con los contrabandistas para proteger un desembarco de fraude, o inmediatamente determinó su separación del mando de la compañía y su presentación en la capital.

El día 15, dice Clemente, que recibió está orden en Adra; y en el mismo debió haberla cumplimentado, pasando a Roquetas, donde se hallaba el teniente D. Pantaleón Guerra, para encargarse de la comandancia de la misma compañía, y recibir los documentos a ella correspondientes. Pero lejos de hacerlo así el referido capitán, pretexto hallarse postrado en la cama, e imposibilitado de montar a caballo, y en consecuencia también de hacer la entrega según se le ordenaba, expuso, sin embargo, que con aquella misma fecha del 15 avisaba a Guerra de quedar a su cargo la dirección de la compañía; y en ambas cosas faltó descaradamente á la verdad.

La comunicación oficial de este último, inserta al folio 251 de la causa, le desmiente de una manera que no admite réplica, en el extremo más importante. «En este momento (dijo Guerra en esa comunicación á Legorburu) que son las once de la noche (del 15) acabo de recibir carta del capitán D. Agustín Clemente, en la que me dice no puede venir á este punto por hallarse en cama de una caída del caballo; en tal concepto trato de volverme á Feliz, de cuyo sitio no conviene me separe por ahora. Porque hasta ahora (añadió) no habiéndome encargado o entregado la compañía, no puedo responder de ella; el capitán nada me dice de oficio, nada ha dicho á los encargados de los puntos, y de consiguiente sin este requisito yo no soy hasta ahora mas que el encargado de la columna de Feliz.»

De esta manera eludió en los primeros momentos D. Agustín Clemente el cumplimiento de la orden del 13. En vano se dio por otra del 15 á reconocer por comandante accidental de dicha primera compañía al teniente D. Pantaleón Guerra. Para que este paso surtiera todo su efecto, era absolutamente indispensable la entrega de los documentos! porque sin ello3 mal podía el teniente conocer la fuerza y situación de su tropa y mal podía sin conocerla, adoptar las disposiciones que exigiese el servicio.

Por eso, en otra orden, previno el coronel comandante Legorburu a D. Agustín Clemente, según aparece al Fol. 252, que con el fin de evitar todo contratiempo, procediese sin demora ni pretexto de ninguna especie a la entrega formal de la compañía, trasladándose a Roquetas juntamente con el cabo López, y avisando a Guerra con anticipación y oportunidad, para que estuviera allí solamente durante el día y pudiera regresar a su punto antes do la noche, y le advirtió que sería responsable de cuanto ocurriera por las dilaciones que dicha entrega sufriese en circunstancias las mas perentorias. Y por eso, en fin, se le paso al día siguiente 17, otra comunicación, que también consta al citado Fol. '232, prescribiéndole que, si no se hallaba en disposición de trasladarse inmediatamente Roquetas para entregar totalmente la compañía, dispusiera toda la documentación, inventarios y demás indispensable al efecto, y lo remitiese a la comandancia por el cabo. Joaquín López para pasarla al teniente después de examinada.

El capitán, que si bien había caído del caballo el 12 de agosto, no había sufrido ningún quebranto verdadero en su salud; pues que en el mismo momento volvió a montar, y el día 13 asistió a una comida de campo dada por los autores del alijo del 22, y en la noche del 15 concurrió a un baile y estuvo en movimiento durante muchas horas, como está probado por infinitas declaraciones y hasta por su confesión misma; permanecía a pesar de todo en Adra, sin moverse ni hacer ningún acto ostensible que demostrase al público su separación del mando.

Cuando se vio estrechado por la orden, que acaba de referirse, eludió también su cumplimiento con el oficio hecho el 18, y que se halla testimoniado a la vuelta del mismo Fol. 232.

En vez de ejecutar lo que en ella se le preceptuaba tan formal y estrechamente, se contentó con responder que entendía no ser la entrega de documentos de igual perentoriedad que la del mando de las armas y dirección del servicio, y que luego que se hallase en posibilidad de montar nuevamente a caballo, pasaría a Roquetas y dejaría completamente cumplida la voluntad del comandante.

En otra comunicación del 20 (Fol.233), dijo, que sin embargo de no encontrarse todavía en disposición de marchar, salía en la propia fecha para Dalias, avisando al teniente Guerra para que no se demorase la entrega de la compañía en la parte documental. Mas aun entonces faltó a la verdad; pues al dar semejante parte, sólo se propuso evadirse por el pronto y de cualquier manera del estrecho compromiso en que le había puesto la ya mencionada orden del 17.

El día 20 y el 21 permaneció todavía en Adra y sólo al amanecer del 22 fue cuando se presento en Dalias pasando allí largas horas, sin más objeto que el de tener ocupado y distraído al jefe de aquel destacamento, don Francisco Díaz, el cual a fuerza de instancias y con duras penas, pudo conseguir a las once de la noche que se pusiera en camino para Roquetas, según aparece de la declaración de dicho subteniente al Fol. 250.

Por eso, tuvo que esperarle inútilmente aquel día en el expresado punto de Roquetas, el teniente Guerra, quien por oficio de la propia fecha que obra a dicho Fol. 233, manifestó que no encontrando allí al capitán, y no teniendo seguridad en su llegada, había dispuesto que el subteniente D. Pedro Fernández se encargase en su nombre de la parte documental, intereses y examen de las cuentas, lo cual hubo de verificarse entre ocho y nueve del 23, según declaró el propio subteniente Fernández al Fol. 248. De suerte que la entrega de la compañía, que debió quedar efectuada siete días antes del alijo, no llegó a tener lugar real y completamente hasta el día después del mismo, por culpa del capitán que se valió para retardarlo del falsísimo pretexto de su falta de salud, y que cuando ya no pudo alegarlo, se entretuvo en Adra y Dalías, engañando con los mentidos partes de su salida del 20, al teniente Guerra y al comandante Legorburu.

Estas faltas, que eran tan notorias tomo indisculpables, y que hasta ahora no se han podido encubrir, ni tampoco excusar con ningún motivo fundado, ni siguiera plausible, produjeron la medida que a propuesta y con dictamen del asesor de la intendencia adoptó mi defendido en 13 de setiembre, suspendiendo de empleo y sueldo al referido capitán. Y al decretarla se tuvieron también a la vista las diligencias practicadas por el ayudante de carabineros D. Manuel Herreros, de las cuales resultaban ya indicios ciertamente no desatendibles de la connivencia de Clemente con los contrabandistas.

Francisco de Guerrero, individuo del resguardo, destacado en Adra, y testigo presencial de los sucesos de la aciaga noche del 22 reveló, al folio 5 vuelto, que habiendo sido nombrado para hacer el servicio en el puerto aquella noche, dio parte al subteniente Castro, comandante del punto, de que los buques contrabandistas se hallaban muy inmediatos a tierra y que indudablemente iban a desembarcar, a lo que contestó ese jefe, que no había tal cosa; pero insistiendo él en su afirmativa, le dijo que en efecto se iba a alijar un chapucillo de poca consideración, exclamando contra el capitán D. Agustín Clemente que le había comprometido.

Esta indicación merecía bien la pena de ser tomada en cuenta, mayormente cuando la corroboraban de una manera extraordinaria, no sólo las confidencias que motivaron la separación de dicho capitán, acordada en 13 de agosto, sino también y muy principalmente, las justas sospechas que infundía el modo como se había conducido en la entrega del mando. Pero pronto vinieron las actuaciones posteriores hasta convertir esas sospechas en una completa evidencia.

El ya citado subteniente D. Francisco Díaz, dijo al Fol. 253, que tenía a D. Agustín Clemente por cómplice en el alijo del 22, a causa de haber oído decir públicamente que había franqueado la costa a los contrabandistas, ajustándose en percibir cierta cantidad por carga, cuyo importe se deposito en una casa de Adra, habiendo ido a contarlo y presenciarlo él mismo, quien lo hizo por su propia mano, quedándose con tres o cuatro onzas a buena cuenta, marchándose después que lo hubo arreglado, de Adra y volviéndose a los ocho o diez días a incautarse del dinero depositado. Pero se encontró que lo habían entregado al subteniente «Castro, según dijeron, sin hacer cuenta con él, por lo cual tomó una pistola y salió en busca del depositario, quien se vio en la necesidad de marcharse del pueblo.»

En los mismos términos que este subteniente, se explicaron algunos otros testigos, confirmando por último sus asertos las importantísimas declaraciones que se leen á los folios 435 y siguientes de la compulsa remitida por la subdelegación de Almería.

A la vuelta de dicho folio empieza la de José González, corredor de contrabandos y principal director del alijo del 22 de agosto, el cual asegura que por recado que le mando el escribano de Adra, Don Antonio Roda, de parte de un oficial de carabineros, a quien entonces no conocía, fue a aquella villa a fines de julio o principios de agosto; y pasando a su casa se avistó con el indicado oficial, que era el capitán D. Agustín Clemente, quien le pregunto si era cierto que tenía entre manos un negocio de consideración, y había hablado para realizarlo.

Añade González que su contestación fue la de que si bien había proyectado el tal negocio, a nadie lo había confiado todavía, porque era el primero en que se mezclaba, y entonces le dijo el expresado capitán, que si era de consideración, desde luego lo tomaba por su cuenta, pero en pequeño, nada; que bajo este pie trataron de introducir 160 cargas, pagando de seguro por cada una 260 reales de vellón, con la condición de que si al tiempo del alijo resultaban más o menos cargas, se harían los abonos recíprocos correspondientes:

Que fiado en semejante trato, fue a Gibraltar y arregló su negocio, dejándole en disposición de ser conducido a la costa de Adra, y adelantándose él para hacer las preparaciones oportunas; que después de tener reunidos los cargueros y bestias, volvió á Adra en la noche del 21 de agosto, y avistándose otra vez en la propia casa del escribano Roda con el capitán Clemente, le aseguró este que mandaba la compañía de carabineros, y le dio en tal concepto cuantas garantías podía apetecer, a las cuales agregó Roda la de que nada debía temer del pueblo y autoridades, pues todo estaba corriente; que en seguida le exigieron depositase el importe del seguro en la casa de D. Andrés Espejo, y no teniendo en ello inconveniente el declarante, pasó en compañía de Clemente a ver al tal Espejo, a quien rogaron que, como sujeto de probidad, se incautase del dinero en calidad de depósito; que

Espejo, después de haberse resistido por temor del riesgo a que se exponía, condescendió al cabo en recibir y recibió efectivamente en el inmediato día 22 31,000 rs., que contó el capitán por su propia mano, saliendo garante el depositario del resto hasta 41.680, importe total del seguro; que en seguida se arregló entre el mismo capitán y el interesado el modo de hacer el alijo, que quedó definitivamente concertado en la propia forma en que se ejecuto a la noche siguiente; marchándose acto continuo ambos, aquél para Dalias, con el fin de estar a la mira y distraer aquella fuerza de carabineros, y el declarante para Turón, a acabar de reunir las bestias y demás necesario para las operaciones de dicha noche.

D. Andrés Espejo ratificó en su exposición del Fol.444 lo más importante de cuanto había declarado González. Dijo que en efecto había estado él la noche del 21 entre ocho y nueve en su casa, e instándole para que se incautase en calidad de depósito de 31.000 rs., cuya cantidad debía conservar en su poder por tres días, y si en este tiempo no se la reclamaba el deponente, entregarla al capitán D. Agustín Clemente, o al subteniente del puerto D. Tomás Castro; que después de haberse resistido a ello, condescendió por fin, sin averiguar el objeto, y estándose haciendo la entrega entro el capitán referido y presenció el acto: y que llegada la mañana del 24, se presentó el subteniente y recogió el dinero consiguiente a la orden que tenía; añadiendo por último, que en el mismo día en que ejecutó esta devolución, se marchó á la Rabita a tomar los baños con su familia, y cuando regresó, supo que el capitán Clemente había estado en Adra, echando bravatas acerca del dinero; pero después no le había hecho a pesar de eso reclamación alguna sobre el particular.

Para que nada faltase a la robusta prueba que estas dos declaraciones producían, se corroboró luego con la de Francisco de Paula Fernández, testigo citado por González, el cual evacuó su cita al Fol. 448, afirmando que en efecto había llevado en un mulo alquilado por éste desde Turón a la casa de D. Andrés

Espejo, dos talegas de dinero que descargó a la puerta de dicha casa, y fueron introducidas en ella por el referido González.

Imposible parecía á vista de tales datos que las declaraciones arrojaban, especialmente después que fueron examinados y resultaron convictos y confesos los perpetradores del alijo y sus auxiliadores, que se dudase de la culpabilidad ya manifiesta de D. Agustín Clemente; y por eso, la subdelegación de Almería le impuso la justa condena antes mencionada.

La audiencia, es verdad, dejó sin efecto esa condena como improcedente; y mando sobreseer respecto a dicho procesado, acordando que se le repusiera en su empleo y en el goce de su sueldo; pero si esta determinación ha impedido que Clemente sufra el castigo que merecía, de ningún modo puede estorbar que, cuando su pretendida indicación se toma por principal fundamento de las inculpaciones dirigidas contra D. Francisco García Hidalgo, se examine a fondo por V.A. si hay o no motivo para considerar bien obtenida semejante providencia.

¿Dónde están, señor, los documentos y las pruebas que hayan destruido los terribles cargos que contra Clemente resultan de los antecedentes que dejo recordados? ¿Serán por ventura los oficios que se dice pasó en los días inmediatos al alijo al comandante Legorburu y al teniente Guerra, transcribiéndole las comunicaciones dirigidas por el subteniente de La Rábita, D. Bartolomé Sainz, al jefe del punto de Adra, en que le manifestaba tener noticias positivas de que los defraudadores intentaban alijar por las inmediaciones.

Mi defendido, que el 13 de agosto tuvo por sus confidentes noticia cierta del infame trato celebrado entre Clemente y los contrabandistas a principios de aquel mes ó fines del anterior, y que en consecuencia se apresuró a dictar la orden de separación del capitán (y no ciertamente por los avisos de este capitán, que más parecen redactados para distraer la atención de

Adra, que para llamarla allí) de que por este punto, iba a ser realizado o se proyectaba un desembarco de fraude. Con este antecedente dirigió al comandante del punto, la orden de que he hablado arriba, y la hizo enviar con un carabinero montado, que la entregó á Castro el mismo día

Advertíasele en ella que el intendente sabía que de un momento a otro debía verificarse un alijo por las inmediaciones de dicho punto, y que los defraudadores contaban con algunos del mismo, y del de Dalias; y se le añadía lo siguiente: «En su consecuencia, para que desaparezcan todas las sospechas de inteligencia que pueda haber sobre este particular y librarse de un cargo, el más fuerte que resultará en el «caso que verificasen (los contrabandistas) su intento, se pondrá V. de acuerdo con el oficial del punto de Dalias para combinar las operaciones y escarmentar la osadía de los contrabandistas, «valiéndose al afecto de todas las fuerzas de ese punto y Dalias.» —Si desistiendo del desembarco por esas inmediaciones, lo verificasen por las de la provincia de Granada, también la dirección será a la parte de Berja; por consiguiente acordarán Vds. los medios de sorprenderlos sobre la marcha hacia la Fuente o baños de Marbella, u otra dirección, según las noticias que adquieran. Desde luego (se lo repitió todavía) se avistará usted con el subteniente D. Francisco Díaz y acordarán los medios de salir airosos en las operaciones que se les preparan, en la inteligencia que la responsabilidad en el caso que burlen la vigilancia, será de mucha consideración.»

Imposible era hacer prevenciones más acertadas, ni más conducentes, y también lo era el concebirlas en términos más severos, ni más apremiantes. Si D. Tomas de Castro las hubiera cumplido, nada habrían conseguido los contrabandistas.

Por deposición unánime de infinitos testigos, y hasta por la de los mismos directores y perpetradores del alijo, consta que el simple hecho de haber disparado un tiro el cabo de carabineros

D. Julián Pancorbo y haber imitado su ejemplo los cuatro individuos del Cuerpo que con él estaban a la inmediación de la desembocadura del río de Adra, bajo las órdenes del administrador de rentas, bastó para desconcertar a los defraudadores, y para introducir entre ellos una confusión capaz de haber impedido la continuación de las operaciones en que se ocupaban, si hubiese seguido por algún tiempo siquiera el fuego que de tal modo les había desordenado. ¿Qué no habría sucedido, pues, en el caso de que cumpliendo con la orden del 21, se hubiera puesto de acuerdo con el comandante de aquel punto, con el de Dalias para resistirles, y les hubieran opuesto los dos una verdadera y constante resistencia? Mas es; aunque de antemano no se hubiera hecho la combinación entre los dos comandantes, bastaba sólo que el de Adra hubiese dado, como pudo y debió, el aviso prevenido por la circular de 21 de julio, al de Dalias, para que no hubiera podido escapárseles el contrabando.

El oficial de Adra percibió los buques defraudadores sin duda alguna, a las cuatro o cinco de la tarde del 22 de agosto, y a las siete pudo haber llegado su aviso a Dalias; pues los dos pueblos no distan entre sí más que dos leguas y éstas son de buen camino. El jefe de Dalias hubiera salido en tal caso á las ocho de la misma tarde a la fuente de Marbella, y habría tomado a las diez de la noche los desfiladeros que hay en el confín de la provincia.

Una vez dueño de aquellas posiciones, habría impedido a costa de continuo esfuerzo, que pasara el convoy contrabandista; y aun sin eso, y con que sólo lo hubiera entretenido allí, lo bastante para dar lugar a que las columnas de Roquetas y Felix, que debieron ser avisados, tanto por la parte de Adra, como por la de Dalías, llegasen a la referida fuente de Marbella, habría logrado aprehender a los defraudadores; pues dichas columnas podían haberse reunido allí entre tres y cuatro de la madrugada del 23, que fue precisamente la hora en que con corta diferencia hubieron de pasar los contrabandistas por los indicados desfiladeros. De forma que, si siquiera se hubiesen cumplido las instrucciones de 21 de julio, habría sido absolutamente imposible la impunidad del alijo.

Pero ¿para que me canso, señor, ni fatigo a V.A. con reflexiones encaminadas a persuadir una verdad de suyo tan patente, cuando es notorio que el atentado de Adra no se hubiera, no ya consumado, sino ni aun intentado, a no haber tenido sus autores una entera seguridad de que lo consentirían y hasta lo protegerían el jefe de carabineros del punto, y las autoridades del pueblo? Y siendo esto así ¿Puede hacerse ningún cargo por ello al intendente de la provincia, que tan distante debía y no podía menos de estar de la idea de que llegara a combinarse semejante connivencia?

¿Desde cuándo, señor, ha pesado sobre el general en jefe de un ejército que campa, por ejemplo, al frente del enemigo, la responsabilidad de las desgracias que ocasiona la defección de un oficial que, mandando una gran guardia, vende el punto y se pasa a las opuestas filas? Pues esto, y nada más que esto, fue lo que aconteció en la noche del 22 de agosto. El intendente de Almería había dado todas las disposiciones que estaban a su alcance; y no había hecho más para impedir el alijo que amenazaba por la parte de Adra, porque amenazado al mismo tiempo de otros dos aún mas considerables, por la del cabo de Gata y por la del castillo de los Bajos, tenía que atender a prevenirlos y evitarlos, todos.

Sus planes se frustraron únicamente en el primer sitio; pero se frustraron porque hicieron traición a sus deberes el capitán Clemente, y el subteniente Castro.

Las comunicaciones del capitán Clemente, lejos de sincerar, agravan más y más a él mismo, porque producen una nueva prueba de que no quiso despojarse hasta el último momento, a lo menos para el público, del carácter de comandante de la demarcación, y para no perderlo, recibía oficios como los de Sainz, cuando debió enviarlos sin abrirlos, o hacer más bien, que en derechura, y sin la menor demora se entregasen al teniente Guerra. ¿Y podrá servirle tampoco de justificación el pretexto de la ojeriza o enemistad del comandante Legorburu, ni el de la nulidad de las diligencias en que éste intervino? Esa nulidad no sirvió de obstáculo para que la misma audiencia de Granada mandase reducir a prisión á los reos indultados, y a otros que únicamente aparecían serlo por las propias diligencias.

Si respecto a ellos se consideraban subsistentes los cargos, también debían y deben reputarse no desvanecidos por la expresada nulidad, los tocantes a Clemente. Y por lo demás, si este creía que el comandante Legorburu hubiese podido inducir a algún testigo a que depusiera contra él, o que había hecho redactar su declaración con inexactitudes, que le fueran desfavorables; en su mano tenía el medio de aclarar la verdad promoviendo, cuando su causa se recibió a prueba, las actuaciones convenientes.

Afectando encaminarse a su objeto, solicitó de hecho entonces en la subdelegación de Almería, que se ampliasen las declaraciones de D. José González Carrillo, D. Sebastián de Velasco, D. Sebastián Cabello y José González; pero después, aunque el juzgado accedió á su solicitud, no cuidó el interesado por lo visto, de sacar o de devolver diligenciados los despachos oportunos, pues en la causa no consta que se verificasen esas ampliaciones.

Eso no obstante el culpable quedó sin castigo, y de los inocentes, aunque el uno, Legorburu, sigue sirviendo al Estado en la provincia de Alicante, sin que nadie le haya molestado hasta ahora; él otro, García Hidalgo, sufre la triste suerte de verse procesado y preso, enfermo y en estado lamentable y acusado nada menos que de ser reo de connivencia, merecedor de la pena gravísima de ocho años de presidio. ¡Terrible contraste, señor! ¡Aberración funesta, que a no dudarlo, sería si progresara, fecunda en los resultados más tristes y desastrosos!''.

El relato del letrado, contundente en su exposición, conmovió al Tribunal y el Intendente García Hidalgo fue absuelto y su honor restituido, cosa que no sucedió con el capital Clemente, el huido Castro, el alcalde Roda y su hermano Antonio, y los contrabandistas, mientras Andrés Espejo, que actuó de buena fe en ser depositario de las dos talegas con el dinero para el jefe de carabineros, no tuvo nada pendiente con la justicia.

Carpeta VI:

Uva y vino de Adra

Apenas en cuatro folios, con un curioso mapa de la comarca y dibujos de viñas y racimos, Guntherson guardó en la carpeta, un documento extraído de la obra 'Ensayo sobre las variedades de vid que vegetan en Andalucía', un minucioso trabajo del botánico Simón de Roxas Clemente, realizado en 1807, tras recorrer toda Andalucía, analizando y describiendo tierras, midiendo hojas, calibrando frutos y probando caldos. Un resumen del contenido referente a Adra es éste:

"La Contraviesa, que parece hecha para criar vides, abarca los núcleos de Albuñol, Sorbilán con sus anexos, Polopos y Alfornon, Rubite, Frexenite, Oliar, Adra, Huarea, La Alquería, Murtas, Turón, Jorabaita, Chayar, Mecina del Tedel, Torvizcón, Alcázar y Los Barquises, y los cortijos de El Trebolar, además de Cadiar, Castaras, Timar y Lobras, lugares de Sierra Nevada".

Tras analizar las características del terreno desde las cercanías del mar a las cumbres, y de comparar las vides con las existentes en otras parte de Andalucía, escribe: "La obrada[49] de viñas de Torvizcón da de cuarenta a cincuenta arrobas, mientras que la de Adra da unas ochenta arrobas, aunque hay algunos años que se ha recogido hasta ciento cincuenta arrobas. Este vino de Adra da el tercio de su peso en aguardiente común y un quinto del aguardiente 'perla'.

De los vinos de Adra pueden extraerse un veinte por ciento de aguardiente, cantidad similar a la de Lubrín y Torvizcón, pero muy superior a todas las demás, porque los de Málaga da catorce, y seis los de Sanlúcar.

El genio de los naturales no puede ser más decidido, por ser para ellos indiferente que el terreno sea un llano, una pendiente suave o que se acerque mucho a la vertical; que sea de

---

[49] La obrada equivale a mil cepas.

roca o de escombros movedizos. En esta parte, en ningún modo ceden a los malagueños, pero les falta su instrucción y sobre todo, su puerto.

La 'uva pasa' de Adra, que también se cultiva en Albuñol, Motril, Almuñécar, Pitres y Ohanes, no se diferencia del moscatel 'almuñécar' que se cultiva en Sanlúcar de Barrameda.

El Pedro Ximénez, cuya producción comienza en la raya de Portugal y llega hasta Adra, donde sólo se recoge unas cuatrocientas arrobas, cuyo valor, respecto del común es de diez a uno, raro en otras partes de La Alpujarra. En Dalías y Somontín apenas hay ya una cepa de él. Buena parte de la cosecha es para convertirla en pasas y poca para hacer vino."

Ni anécdotas ni algún otro apunte escribió Guntherson en esta carpeta y sorprende ese escaso interés por dejar algo escrito. Supongo que la conservación de estas hojas sería simple referencia para tener un motivo más de conversación o para enviar los datos a algún corresponsal extranjero. Tal como está lo copio, porque siempre puede haber alguien interesado[50].

---

[50] La Universidad de Almería organiza cada año en Adra unos cursos veraniegos con estudios monográficos sobre la vid y el vino, y la nueva Sociedad Gastronómica 'Púrpura', de Adra, lo tiene incluido entre sus proyectos culturales.

Carpeta VII:
El espía del esparto.

La actividad generada por la Fundición de plomo y plata de San Andrés atrajo a Adra representaciones de las más importantes naciones del mundo. Hasta catorce vicecónsules y agentes consulares se llegaron a contar en la villa, al amparo de la actividad de su puerto y del comercio del plomo y en menor medida, de la elaboración de alcoholes y azúcar, la uva pasa y el vino.

Pero Frederick Burr, agente consular de Inglaterra y de los Estados Unidos en Adra, no desaprovechó el tiempo de estancia en la localidad y durante seis años estuvo enviando información confidencial tanto a Inglaterra como a Estados Unidos.

El propio Congreso norteamericano premió la labor de Burr, reconociéndole, a través de la Comisión de Agricultura, sus importantes aportaciones sobre el tráfico comercial y la utilidad de una fibra prácticamente desconocida en Estados Unidos: el esparto.

En la carpeta, en la que se incluye a modo de ejemplo botánico un trozo de varilla de esparto, están el citado informe de la Comisión y apuntes sobre la manera en que Frederick Burr envió su información a su país.

No tengo la menor duda de que esta carpeta, escrita toda en inglés, con algunos apuntes en español, fue originariamente propiedad del mismo Frederick Burr, no apareciendo pista alguna sobre si quien la guardó fue el suministrador de la amplia información, el recolector del producto o un intermediario.

En el estudio del Congreso de Estados Unidos[51] se buscaba la manera de obtener una pasta de fibra vegetal barata y

---

[51] El documento que se transcribe es una traducción del inglés, hecha por el autor, sacada del original que se conserva en la Biblioteca del Congreso de los Estados Unidos de América.

de calidad que sirviera para la elaboración del papel para imprenta y consideraba que la madera existente era abundante y barata, "pero no deseable para las mejores calidades de papel de imprenta".

Adelantaba el informe que "la madera se ha utilizado en alguna medida, y también la caña del sur está entrando en uso extenso como materia prima."

"Si bien estas y otras fibras deben ser probadas, hay una que ha mantenido durante siglos una gran reputación para varios propósitos útiles, y en pocos años casi se ha monopolizado el mercado europeo de material de papel, la *spartum* de Plinio, el esparto de los españoles, conocido por varios sinónimos científicos, como *Macrochloa, Stipa* y *Spartum Lygcum*. Es también popularmente conocido en España como la planta de Atocha..

Florece en España y Portugal, en Argelia, y en el norte de África. Se dice que también se encuentra en Nápoles, Sicilia y Creta. Las principales fuentes de suministro son las provincias de Granada, Murcia y Almería, en la costa mediterránea de España. Su fibra se exporta también desde el puerto francés de Orán en Argelia, en la latitud 35 ° 44 en el norte, justo enfrente de la región de mayor rendimiento y abundancia en España.

Es interesante notar el que el cactus que Nuevo México produce, es una planta de fibra que, tratada, parece ser similar a la del esparto español, como se ve en el museo de este Departamento. Se sabe por los botánicos cómo la *Stipa*, se obtuvo en 1851 por Charles Wright, de la Comisión de Fronteras de México, y se puede encontrar entre las colecciones del Departamento de Botánica. La latitud de la zona norte de Nuevo México es la misma que la del sur de España, el clima en algunos aspectos similares, en un ambiente agradable, la aridez seca y el suelo es adecuado para productos similares.

El esparto se presume que es idéntico a la *spartum* de los latinos, descrita por Plinio como útil en varias artes de los cartagineses en su guerra por primera vez en España.

En ese periodo las montañas del territorio comprendido entre Granada y Murcia, fueron cubiertas con el crecimiento espontáneo de la planta, y sus usos en la Península Ibérica han sido siempre innumerables. El investigador lamentó que su gran masa impidió su transporte a una distancia mayor de treinta leguas, y su consecuente difusión universal como un material valioso para muchas industrias. La región citada es la localización exacta donde hay mayor producción.

Crece en costas de arena y grava y en las colinas del interior, sobre el suelo tan pobre que apenas es capaz de cualquier otro cultivo. Es un producto espontáneo, sin necesitar ningún cuidado, pero cada vez es más vigorosa y abundante su recolección anual o semestral.

La cosecha no es al corte, sino tirando y separándolo de la raíz, un trabajo de poca dificultad si es realizado en el momento adecuado, que es el mes de mayo o junio en o cerca de la costa y a mediados de julio en las elevaciones más altas del interior. Según la elección de los suelos, creciendo en un sitio fuerte y con gran exuberancia, y en otro con una existencia débil, como se ve en parches aislados o mechones.

Por encima de una altitud de tres mil hasta tres mil cien pies, es muy frecuente, y desaparece en las proximidades de la línea de las nieves de invierno. Es muy resistente, pero se mantiene peor en las heladas severas que en la sequía continua y la gran pobreza de los suelos.

Si se recoge verde, se convierte en una fibra transparente de poco valor. Si es demasiado seco, los elementos constitutivos de la sílice y el hierro son difícilmente eliminados.

Los recolectores protegen sus piernas y manos con botas y guantes, y luego la tuercen, alrededor de un palo para obtener una mejor cosecha, que suele ser a partir de mediados de mayo hasta mediados de junio. Las recogen en haces, que se forman en un montón, manteniéndola así dos días. En el tercer día se extiende y se expone al calor del sol hasta que seque; luego se coloca bajo cubierta, para macerarla en agua de mar, si se puede obtener, una vez más seco, mojado y golpeado antes de estar listo para uso.

El esparto del interior es más largo y más blanco que el de la costa, pero más delgado, y de menor fuerza, y se calcula que cincuenta mil personas están empleadas en la recolección, la preparación y fabricación de esta fibra en el sur de España. Grandes cantidades de hilo de esparto son llevadas en buques a Francia, sobre todo a Marsella, donde se utiliza en la fabricación de alfombras, cuerdas, cestas, y telas de embalaje.

En Águilas se utiliza para la fabricación de cuerdas en lugar de cáñamo y es frecuente imitar la crin de caballo para relleno del colchón, para lo cual es muy apreciada, por ser muy duradera.

Como cuerda, se considera tan favorable como en los tiempos de los cartagineses, por su valiosa propiedad de resistir a la decadencia en la exposición constante a la humedad. Un considerable comercio se lleva a cabo en un estilo de zapato o sandalia de esparto, considerados muy útiles en ambientes cálidos, rocosos, arenosos del suelo.

Los campesinos, en una parte de España, no usan calzado de otro tipo. Es considerado como elegante y clásico, aunque algo rústico. Esta fibra también se utiliza en el comercio de whisky escocés; en la alfombra Kidderminster, y otros objetos en Bruselas.

Grandes mejoras se han realizado en su preparación para la industria papelera. Un proceso se emplea para la extracción de la materia pegajosa que contiene, dejando la fibra limpia y lista para su uso. Antes, se usaba el treinta o cuarenta por ciento de trapos en la fabricación de pasta de papel, pero según un excelente documento de la Comisión de Agricultura, ahora se hace sin ninguna mezcla de lino o de otro material.

De todos los sustitutos de pasta probados y utilizados en la actualidad en Gran Bretaña, el esparto apenas tiene un competidor. Algunos de los principales diarios británicos están impresos sobre ella. Recientemente se han realizado, en el ablandamiento de la fibra, haciéndola pasar por una máquina sin la ayuda de la sosa cáustica. Tan avanzados son los procesos mediante los cuales se convierte en papel, que se ha afirmado que un cargamento que llegó a Londres en la mañana, se ha convertido en papel durante la noche.

La cantidad importada por Gran Bretaña desde España ha llegado a las siguientes: las cifras: 1804, 43.403 toneladas; 1805, 51.570 toneladas, (£ 209.030;) 1806, 09.833 toneladas, (£ 311.808). La importación total de material de papel, de todo tipo, durante los mismos años, fue 57.819 toneladas en 1804, 71.155 en 1805, y 94.985 en 1800, por lo que está en constante aumento la proporción relativa del esparto, alcanzando un máximo de más de setenta por ciento de la oferta total de importación para pasta de papel.

El Departamento ha mantenido, desde hace varios años, correspondencia con el Consulado de los Estados Unidos en el sur de España sobre este tema, y ha recibido información muy completa de los progresos y el estado del comercio del esparto, en especial del Sr. Frederick Burr, agente consular de Estados Unidos en Adra.

Como es creciente la demanda para esta actividad y la fibra se obtiene solamente de los cerros y en la costa, el consumo acelerado hace encarecer el precio, junto al costo de transporte a través de una región casi desprovista de caminos, ya que el negocio de la recogida y transporte se hace en cuarenta millas o más, a través de carros de bueyes, siendo las provincias de Almería y Murcia las que han proporcionado la mayor parte del suministro.

En 1804, el costo en el interior era sólo cuatro reales, o cincuenta centavos, por quintal, mientras que el transporte de mercancías a la costa lo aumentaba considerablemente. En esa fecha, el precio medio de a bordo, fue alrededor de 42 libras o 20,50 dólares, por tonelada. Los precios no han dejado de avanzar desde esa fecha.

La cosecha se compra al año a los particulares o municipios que lo poseen, siendo negocio de los comerciantes o de los especuladores, que emplean a los campesinos para recoger la hierba y transportarla a los puestos locales, listos para ser enviados en carros o a lomos de mula o de burro. Muchos propietarios han hecho fortuna en estas tierras sin valor hasta la fecha, tanto como los compradores de ellos, o los comerciantes en esta especie de mercancía.

El señor Burr, nuestro agente en Adra, supone que una vasta extensión del país en los Estados Unidos, en la misma latitud en la que se encuentra en España, se adapta a su crecimiento. Los siguientes extractos son de su informe a este Departamento.

Hay dos clases de esta planta, la 'atocha', propiamente dicha, y el 'atocha grueso'. Este último es muy superior en altura. La hierba crece a una altura de unos tres metros, pero es inferior en calidad y fuerza, aunque es usada para varios propósitos.

La atocha, o esparto, no se corta como la hierba común, pero muy fácilmente se separa de la planta un poco más arriba de las raíces, lo cual es necesario para dejarlas sin alteración en el suelo.

La hierba de esparto, según la longitud y la fuerza de su fibra y la facilidad con la que pueda ser torcida en cuerdas, tejidos y fácilmente (o más bien trenzado) en esteras, forma un artículo barato y útil para muchos propósitos ordinarios.

En el distrito minero, la mayoría de la sierra de Gádor, en esta provincia, y en el de Cartagena, y en España, todos los cables utilizados en las minas están hechos de esparto. Estas cuerdas son muy delgadas, cerca de una y media pulgada de diámetro, sin embargo, perfectamente adecuadas para el descenso y ascenso de los mineros, así como para elevar los minerales y la escoria desde abajo; las canastas utilizadas en la última operación, también se hacen del esparto.

Como casi toda España está desprovista de caminos carreteros, el principal medio es el transporte a lomo de mulas y burros, preparados para estar siempre dispuestos con serones hechos también de esparto. Todo tipo de esteras para casas y otros fines también son hechas de este artículo útil.

Además de estas aplicaciones, con el más grueso, se hacen canastas muy limpias y bonitas, e incluso esteras elegantes para las mejores casas, ya que no se usan alfombras, y de hecho no son deseables en este caliente el clima del sur. Para ello, el césped utilizado se tiñe de varios colores, y son tejidos en diversos patrones sencillos pero de buen gusto. Tiene aspecto similar a las alfombras, pero es infinitamente mejor en un clima cálido, tanto para fresco y para la limpieza. De hecho, la estera española es mucho más bonita que la caña de esteras utilizadas en todas las casas europeas en las Indias Orientales, aunque no es tan durable como éstas.

La planta atocha florece en Orán, en la costa opuesta de África, en la latitud 35 ° 44' de latitud norte, y, puede decirse, en general, en toda la zona sur de España, incluso en menor proporción, tan al norte como Madrid, (Latitud 40 ° 30 '), donde una de sus calles principales, la que lleva a los alrededores, se llama "Calle Atocha". Esto colocaría la zona geográfica de esta hierba en 34° o 35° de latitud norte a unos 40°, según la información de la actualidad, ya que posiblemente se puede extender aún más por el norte y el sur.

Es importante observar que la región más abundante en esparto radica en las provincias de Almería y Murcia, que ahora proporciona la fuente principal de este artículo. Se encuentra colindante entre los paralelos 37 y 38. Es aquí donde parece crecer en mayor abundancia y exuberancia. No es necesario señalar que dicha zona es, en Europa, principalmente ocupada por el mar Mediterráneo, mientras que en los Estados Unidos abarca todo el espectro de un vasto continente.

El clima del sur de España es el más caliente en Europa, especialmente el de las provincias en la costa mediterránea. No es el calor su única característica, porque también es notable por su extrema sequedad y falta de agua, hasta el punto de que el cultivo de grandes extensiones y su fertilidad, dependen por completo del riego. En la zona de secanos, o tierras algo elevadas, dependen totalmente de las lluvias. Ahora los cultivos se perdieron durante tres años consecutivos por falta de lluvia.

De hecho es tan árido en muchas zonas el sur de España que, aunque en una escala de miniatura, parece una copia de los desiertos de África y el este. Esta semejanza a menudo me llamó la atención, cuando llegué por primera vez en España, después de un año de residencia de en la India y los países orientales.

Cerca de la costa durante temperatura los meses de verano suele ser de 85° a 90° Fahrenheit[52] y en los meses de

---

[52] Entre 30 y 32 grados centígrados.

invierno el clima es tan suave que el termómetro rara vez marca inferior a 45 ° Fahrenheit. A pocos kilómetros tierra adentro, entre las montañas, sin embargo, el clima es mucho más frío.

El clima de esta parte del litoral español se deduce mejor por sus producciones vegetales. Así, florece aquí la caña de azúcar, y hay muchas fábricas en esta parte de Andalucía.

En una localidad, la llanura de Motril, a treinta millas al oeste de Adra, la planta de algodón se ha cultivado con cierto éxito, aunque no a una escala muy pequeña, encontrándose rentable. A lo largo de esta costa, también, se ven ocasionalmente grupos de palmeras datileras. Estos árboles elegantes, aunque ahora desatendidos y disminuyendo en número, fueron, muy probablemente, plantados por los moros durante el periodo de dominio árabe en España. De hecho, es bien sabido que muchas de las acequias que abundan en Adra existían en los bienes confiscados de los moros en el momento de la conquista de Granada.

Entre otras producciones semitropicales de estas provincias pueden ser nombrado el *nopanl* y *aloe*, que son abundantes, especialmente a lo largo de la costa, aunque son no son igual en tamaño y lujo a lo que he estado acostumbrado a ver en la India y en otros países de los trópicos.

Altura sobre el nivel del mar

Naturalmente, el caliente y árido clima del sur de España se modifica de manera muy notable por la aparición de altas montañas en el interior.

En Andalucía en particular, tenemos la Sierra Nevada, cuyas cumbres más altas se elevan casi hasta la curva de congelación perpetua. Así, desde las plantaciones de caña de azúcar, junto a la costa, se ven, en los meses más calurosos del verano, manchas de nieve que nunca se derriten, y en una distancia no mayor de treinta a sesenta millas. Estos parches de nieve, marcan las elevadas cumbres de La Veleta y del Muley Hassan, que se elevan, respectivamente, 11.400 y 11.700 pies por encima del nivel del Mediterráneo. Por lo tanto, en viajes a pocos kilómetros tierra adentro, y aun sin perder de vista el mar, se puede experimentar una diferencia de clima equivalente a la de muchos grados de latitud, mientras que se puede observar un cambio total en todas las producciones vegetales.

Al considerar el clima natural de crecimiento de la atocha, hay que valorar la circunstancia de elevación sobre el nivel del mar. Es, por tanto, lo más importante. Afortunadamente, he sido capaz de fijar la elevación y la temperatura que marcan su límite de supervivencia hacia arriba, con bastante precisión.

Se verá que tenemos aquí dos climas distintos: El de la costa y el de las montañas. En el primero, nunca cae la nieve, salvo como un fenómeno bastante raro de algunas horas de duración. Pero en este último, la nieve es abundante durante varios meses en el año, y se mantiene durante mucho tiempo, de acuerdo con la elevación, hasta que, en las cumbres de Sierra Nevada, nunca desaparece.

Ahora bien, es muy importante para nuestro propósito de observar, como lo he hecho últimamente a la hora de considerar el tema, que es aproximadamente donde la nieve suele comenzar, donde la planta de la atocha deja de crecer.

Se verá, por tanto, que la atocha, a pesar de ser una planta resistente, que crece aquí indistintamente en las llanuras y en las montañas o cerca de la costa, se limita más o menos dentro de ciertos límites de temperatura, y no soporta el frío. De hecho, se requiere un clima caluroso y un poco seco, como he descrito que prevalece en el sur de Estados Unidos o en España.

Aunque el crecimiento de la atocha se extiende sobre una gran extensión del país, sólo en situaciones particulares esta hierba alcanza el grado de abundancia y exuberancia, lo que es esencial para que sea importante en un punto de vista comercial. Esto indica que es eminentemente una planta que busca y requiere un suelo apropiado. Sobre este tema, además de mis propias observaciones parciales, he hecho muchas preguntas, y encuentro que hay suelos en los que la atocha no crecerá en absoluto, otros sobre los que crece, pero con moderación, mientras que en otras más, es imperante en suelos con malas hierbas, donde se produjo de forma espontánea por la naturaleza y en gran abundancia.

Para que tengan una idea exacta de este distrito, haré una breve referencia a su estructura geográfica.

La Sierra Nevada, que, bajo nombres diferentes, puede determinar la configuración de la costa de España desde el estrecho de Gibraltar al oeste, a las llanuras de Murcia, al este, consiste, en su nivel más alto y el centro de la región, de una gran masa de *esquistos micáceos* a continuación, se acerca en *gneis*, mientras que, en su superficie superior se descansa una enorme masa de *rocas pizarrosas*, a menudo suaves y en descomposición en una arcilla azul grisáceo. Estas rocas arcillosas, cuyo espesor es muy considerable, están cubiertas, en algunos lugares, por una piedra caliza oscura casi cristalina, formando generalmente la parte superior de las montañas, donde están los yacimientos de roca metálica para producción de plomo del sur de España.

Tres suelos, por lo tanto, prevalecen en estas provincias, arcillosos, calcáreos y arcillosos-calcáreos, a partir de la mezcla frecuente de los dos primeros, y también de la gran incidencia de margas terciarias en las llanuras y valles.

Este esbozo de la estructura geológica del país, creo yo, puede dar una idea suficiente de la naturaleza general de los suelos en el sur de España, en la que la atocha florece con más exuberancia. Puede, por tanto, ser encontrado útil en la selección de los distritos en el territorio de los Estados Unidos, donde los suelos y condiciones son similares y que por tanto mejor se pueden adaptar para la introducción de esta especie de hierba semitropical.

El tema de los suelos es, sin embargo, tan importante que, además de las consideraciones generales anteriores, y a lo que yo mismo he observado, he hecho muchas consultas sobre los demás, de la cual el texto siguiente parece ser el resultado general:

Hay dos tipos de suelo se consideran decididamente adversos al crecimiento de la atocha: Un suelo húmedo y pantanoso y un suelo pedregoso, me refiero a cualquiera de esos suelos aluviales. Suelos de color rojizo, o los más impregnados con óxidos de hierro no se consideran favorables, mientras los suelos calcáreos son considerados para producir esparto bueno, y de una fibra muy fuerte.

Suelos arcillosos, producidos por la descomposición de rocas arcillosas o las formadas por el depósito de margas terciarias, están impregnados con materia nitrosa o el salitre, y se consideran favorables para el crecimiento de la atocha, en los que la hierba crece con fibra más corta pero más fuerte.

El tiempo adecuado para la obtención de semillas se considera en junio y, a medida que cae y perece rápidamente, la operación presentará algunas dificultades, ya que se debe ejecutar con toda la rapidez posible, o el tiempo crítico para su colección se habrá pasado. El mejor momento para la recolección es en el mes de junio y la primera parte de julio.

Aunque de carácter seco y enjuto, el esparto, como todos los otros tipos de hierba, requiere de secado al sol, en el que pierde alrededor de un cuarto de su peso. Después del secado, es atado en manojos y se trasporta al más cercano puerto de embarque, donde, desde el mes de junio hasta finales de año, numerosos buques, principalmente ingleses, son empleados en su envío.

La gente prácticamente familiarizada con el negocio, con la que he hablado, parece pensar que en un suelo adecuado puede obtenerse 200-300 quintales de una fanega (5.500 yardas cuadradas) de terreno.

Esta hierba parece durar un número indeterminado de años, por lo que, una vez que ha arraigado en una zona, se convierte en un crecimiento perpetuo. Así, en cualquier suelo adecuado a su crecimiento, la atocha se propaga por sí misma y, sin más cultivo más o atención de cualquier tipo, proporciona una cosecha interminable anual de esparto.

La gente descuidada o ignorante, o aquellos que ávidamente buscan aumentar sus salarios hasta por llevar la planta entera, lo que aumenta el peso aparente de esparto recogido, no sabe que así la atocha se destruye, y no habrá más hierba en ese lugar. Esta contingencia, sin embargo, se sucede a veces, por la rapacidad de los trabajadores asalariados que cobran al peso. Esta necesidad de destrucción sin sentido se hará bastante evidente por lo que he dicho. Especial precaución debe ser observada durante los primeros años de la introducción de la atocha en América, mientras la propagación de la hierba aún se limite a muy pocas localidades.

El proceso de fabricación de papel de esta hierba no es más difícil que el de trapos, y es mucho más agradable, sin enfermedades infecciosas o contagiosas, o con insectos venenosos que son transportados por éstos, y los procesos son tan similares, excepto en la utilización de productos químicos, casi innecesarios en el esparto.

He pasado por las fábricas de los señores William y Albert. Richardson, en Jarrow-ou-Tyne, Condado de Durham, Inglaterra, y estos señores, amablemente, me señalaron todos los pasos en el proceso con muestras de esparto y papel. Producen treinta toneladas de papel por semana, usando de cincuenta a sesenta toneladas de esparto. No se utilizan trapos. Y el esparto es tratado por un ingenio propulsado por un motor de vapor de cien caballos de fuerza. Ochenta mujeres y niñas son empleadas en la clasificación, y catorce hombres y niños en el lavado y acabado; diecisiete, en las máquinas y de corte; ocho mecánicos, ingenieros y bomberos seis, y diez trabajadores ordinarios, 168 obreros en total.".

El Departamento de Agricultura del Congreso de los Estados Unidos, tras felicitar a Frederick Burr por su excelente trabajo, ordenó la puesta en marcha de la investigación de posibilidades para la implantación del esparto en el sur de la Nación, teniendo para ello, además de la valiosa información remitida desde Adra por Frederick Burr, una muestra de la hierba en sus dos modalidades, la atocha fina y la bastarda, ya que el agente consular las envió desde el puerto de Adra, en el bergantín 'Edward Hill', del capitán Silvester, que zarpó a mediodía del 27 de junio de 1863.

A los pocos años, mientras que el comercio del esparto caía en picado en España, Estados Unidos comenzaba a ser autosuficiente e incluso a vender papel a Inglaterra.

Carpeta VIII:

Adra en la Exposición de Madrid 1850

Ni la propia familia Heredia, que supo permanecer unida tras el fallecimiento del creador del imperio industrial en 1849, pudo guardar con tanto cariño lo que John Guntherson conservó en su legado.

La carpeta 'Adra en la Exposición de Madrid, 1850', es una prueba evidente del sentimiento de orgullo que Guntherson sentía por todo lo relacionado con la villa y entre ello, por la gran industria de fundición que tanto extendió el nombre de la villa por el mundo. En ella, de su puño y letra, cuenta lo vivido en los prolegómenos y durante su estancia en la exposición industrial, organizada bajo los auspicios de Su Majestad la Reina Doña Isabel II en la capital de España y además.

Cosidos al escrito, hay un dibujo hecho a tinta, que reproduce la medalla conmemorativa que obtuvieron los premiados. En el anverso, el busto de la Reina, y en el reverso la leyenda 'Exposición de la Industria de España. Madrid-1850.' y una carta circular original, de 24 de septiembre de 1850, en la que Don Manuel Seijas, ministro de Comercio, Instrucción y Obras Públicas, le invita a asistir y le ruega que "recomiende a los señores hijos de Don Manuel Agustín de Heredia, (q.D.g.G.), su segura colaboración con los extraordinarios productos de sus fábricas y en especial de la de San Andrés, en Adra".

Seijas y Guntherson habían trabado amistad de una manera poco corriente. Guntherson tuvo la osadía de rebatir al ministro de Instrucción, algunos aspectos de la ley que pretendía aprobar y aprobó, en materia de enseñanza, que modificó en todas sus escalas, a excepción de la Primaria, que mantuvo su estructura de 1838.

Consideraba Guntherson que, con diez años, un niño no estaba capacitado para entrar en la Segunda Enseñanza, con nueve asignaturas[53] y una no obligatoria, la de lenguas vivas. "Los niños, amigo Seijas, no llegan con formación suficiente para pasar de dos libros a toda una biblioteca. No sé en Madrid, pero en la zona donde resido, en el pueblecito de Adra, bien estaríamos si no sólo los niños, sino los mayores, tuviesen al menos los dos primeros libros o tan siquiera la cartilla en verso sobre buenas costumbres que acaba de aprobar su ministerio."

"Sin embargo, pienso que en los niveles superiores, escasean las facultades, porque no todo se centra en la salud y el pensamiento. A las facultades de Filosofía, Farmacia, Medicina, Jurisprudencia y Teología, para los que la ley exigirá a los alumnos ser eminencias, habría que añadirle alguna más, que no esté arrinconada en el saco de los estudios especiales. De cualquier manera, después de conocer que está a punto de salir la disposición, sólo puedo aportarle mi modesta opinión y enviarle mi reconocimiento, porque al fin y al cabo, algo es algo."

El ministro escribe a Guntherson: "Comparto todo lo que usted dice, amigo John, pero debo proponer los cambios poco a poco, ahora que hay estabilidad social y económica en España. Si no fuera porque conozco, según me cuenta, lo cómodo que se siente en ese lugar, le propondría aceptase la cátedra de Literatura Latina, que sé que domina y que, de momento, está vacante en la Universidad de Granada, cátedra dotada con nueve mil reales, eso sí, dos mil menos que en Madrid[54]."

La carta tiene doble mérito, porque en el sobrescrito[55] figura nada más y nada menos que el primer sello de que se puso

---

[53] Religión y moral, Lengua Española, Latín, Retórica y Poética, Elementos de Geografía, Historia, Matemáticas, Psicología y Lógica, Física y Química e Historia Natural.

[54] El plan de Estudios fue aprobado con la firma de la Reina, el 28 de agosto de 1850.

[55] Hasta finales del XIX la dirección de destinatario de la correspondencia, se ponía en el reservo del escrito, de forma que, doblado, formaba un sobre, fácil de abrir, a no ser que estuviese lacrado.

en circulación en España, en agosto de ese mismo año, circunstancia que no se libra del comentario de Guntherson: "Bienvenido sea el sello de correos, porque así paga la correspondencia quien la envía y no, como hasta ahora, que debía pagarla quien la recibía, si es que quería o le interesaba hacerse cargo de la carta. Los carteros así tienen el cobro asegurado y no como era tradición, que quien recibía una carta, la leía y luego, ante el propio cartero podía decir ¡No la quiero!

Ya en tiempos de Abenabó, el reyezuelo alpujarreño, se intentó poner freno a ese abuso y quien enviaba la carta decía lo que costaba el mensajero, a pagar por el destinatario: 'deberá entregarle seis conejos, miel, un haz de leña, limones, etc.'

No necesitaban los Heredia recomendación alguna, puesto que ocupaban un lugar privilegiado en el reconocimiento mundial de su actividad. Tanto es así que la Corte de Inglaterra había invitado a los dueños de San Andrés, a participar, como así lo hicieron, en la Exposición de la Industria de Londres, que tendría lugar al año siguiente y de cuya convocatoria surgió la necesidad urgente de hacer la muestra española. "Parece mentira, -comentaban en la fábrica de Heredia-, que resulte más fácil enviar productos a Londres que a Madrid."

Víctor Cascales, ingeniero de minas, que había vivido en Adra casi una década, entre 1839 y 1849, esperaba a Guntherson en Madrid, en la calle de Atocha, a la que llegó éste después de un soporífero viaje en los carruajes de la línea de Granada, de la que partió a las dos de la madrugada del sábado 9 de noviembre, tras pasar una jornada entera en la ciudad del Darro.

Después de comer en Jaén[56], y de dormir en Bailén, el paso por Despeñaperros fue duro, tanto que llegó destrozado a

[56] La comida ofrecida por la compañía de caleseros era potaje o sopa, huevos con jamón, o asado, ensalada, pan, postre y una copa de aguardiente, por 12 reales. El

las ventas de Puerto Lápice, donde el convoy pasó la noche. Muy de mañana, salió la diligencia hacia Ocaña para llegar a Madrid a las siete de la tarde del lunes.

La entrada de Madrid es siempre emocionante, por muy acostumbrados que estemos al viaje. La grandeza de sus edificios y palacios, la amplitud de las calles; el movimiento de carruajes, la frondosidad de sus jardines, abren los ojos al viajero que sube por la Puerta de Toledo hasta Atocha, tras haber cruzado el puente sobre el río Manzanares[57] y atravesar el portazgo, entre ventorrillos y la casa de Postas de Los Ángeles, en cuyo cerro se ven la ermita y el telégrafo. Poco antes, la hermosura de Madrid tiene el aperitivo de los palacios de Aranjuez, junto al río Tajo.

La compañía de caleseros, no obstante, cuidaba los detalles: "Los dueños de las posadas deberán estar provistos de buenas camas, de cubiertos de plata y un decente servicio de mesas, cuidando muy particularmente que las camas, habitaciones y piezas de comer estén en el mejor estado de limpieza y que la ropa blanca no sirva dos veces sin haber sido antes lavada".

El servicio de esta compañía era mejor que el ofrecido por la empresa Carsi y Ferrer, que hacía el mismo trayecto, también con góndolas de 15 asientos, llegando a Madrid, en vez del lunes, el martes. Otros servicios más incómodos se ofrecían desde Bailén, a base de caballos desde cualquier punto, debido al mal estado de los caminos, y desde allí a Madrid, en diligencia.

Cascales estaba trabajando en un proyecto encargado por el Gobierno, para localización de yacimientos de aguas subterráneas en la localidad de Carabaña, donde hay manantiales

---

desayuno, jícara de chocolate con leche y tostadas de pan, por dos reales. La cama, por noche, cuatro reales.

[57] Calificado por Miguel de Cervantes como "Arroyo con honores de río".

de aguas medicinales y purgantes, encargo que le hizo abandonar las pedregosas entrañas de las minas de Gádor, y por tanto Adra, pero eso no disminuyó el aprecio muto que sentían los dos caballeros.

Los dos se reunían, unas veces en su casa y otras, las menos, en el Casino Principal, dos veces en semana para tomar café. Ambos preferían el tueste del traído por Guntherson desde América en un saco, regalo de su amigo Fonseca y la charla más íntima que en el coqueto local de tertulias.

Víctor Cascales había escrito a Guntherson proponiéndole un programa realmente tentador para la visita en el que, además de conocer la exposición, que no era sino una justificación para volver a Madrid, le daba cuenta de los espectáculos y saraos que en ese mes de noviembre, a pesar del ser el mes de las ánimas, tenían lugar en la capital del reino, pendiente de la inauguración del Teatro Real, el día del santo de Su Majestad Isabel II.

Los textos de Bretón de los Herreros, Hartzenbusch, Martínez de la Rosa, López de Ayala o Gil Zárate y del comediante Mariano Pina, surtían de romanticismo o humor a los teatros madrileños: El 'Lope de Vega', montado en la antigua iglesia de los Basilios; el Teatro Circo, con capacidad para 1.600 espectadores; el de 'La Zarzuela', en la calle Jovellanos, cerca de la calle de Alcalá; el Teatro Rossini, en los jardines de El Buen Retiro; el 'Teatro del Príncipe', donde se representaban las mejores piezas, o el de 'Variedades', más inclinado por la comedia.

Gracias al ministro Seijas, Cascales y Guntherson, lograron entradas para asistir a la inauguración del Real, con presencia de Su Majestad. Por muy habituados que ambos estuvieran a los grandes espectáculos, el nuevo teatro era en sí uno de ellos, con un escenario de 28 metros de profundidad y 18 de boca, con todo tipo de maquinarias para manejo de telón, cortinajes y decorados; sus dos mil butacas y su cómodo acceso, con una galería cubierta por la que pasaban los carruajes de quienes acudían al teatro, al restaurante o los salones de bailes del edificio.

La monumentalidad del recinto y el ambiente en los palcos competían con la representación de 'La Favorita', la ópera que Gaetano Donizetti compuso sobre el libro de Alfonso Royer, Gustavo Vaez y Eugenio Scribe, y de la que ofreció su versión italiana, con la interpretación de la soprano Marietta Alboni. Acudiendo la Reina, daba igual lo que se representara, pero los organizadores optaron por esa obra de éxito, que Madrid conocía desde 1843. Lo importante era participar en los corrillos y estar entre lo más granado de la Villa y Corte, aunque fuese sólo unas horas.

Guntherson anotó entre los recuerdos de ese día: "La gran orquesta estuvo dirigida por el maestro Michele Rochele, mientras Don Joaquín Espín, se encargó de los coros. Siempre tuve la curiosidad de saber si el tal Espín estaba entroncado con los Espín, de Adra, porque no es un apellido muy corriente."

Por la mañana había tenido lugar en Palacio el besamanos a la Reina. Ni allí, ni en el teatro, pudieron estrechar la mano de Seijas, al que saludaron a distancia en uno de los entreactos de la larga pieza operística. Pero ya tendrían ocasión de hacerlo en el marco de la exposición industrial.

Otra de las tentaciones puestas al alcance de Guntherson fue la visita a la fábrica de coches, "un establecimiento enorme en el que trabajan trescientos obreros, y del que salen bellos coches de lujo, equipajes para casas reales, coches públicos, ómnibus y de correos", sabiendo, como sabía, el gran interés de éste en comprarse uno para sus traslados desde Adra.

Esa visita coincidió con la jornada festiva del 16 de noviembre, fecha en la que los madrileños dedican el día a recolectar bellotas dulces en los bosques de El Pardo. Fueron los propios dueños de la fábrica de coches los que en los principales alojamientos dejaron invitación y horarios de salida de coches con dirección a su establecimiento. La visita de Cascales y Guntherson estaba reservada.

El día de la inauguración, Guntherson volvió a ver a Seijas y tuvo la oportunidad de estrecharle la mano, pero el ministro que, apareció tenso por la responsabilidad de la organización de la muestra, apenas pudo dedicarle el saludo de bienvenida y un "seguiremos hablando de enseñanza". Extrañado por la frialdad, Guntherson cambió el semblante y volvió a colocarse la chistera y a apretarse el lazo de la corbata. ¡Vaya usted con Dios!, susurró.

Cascales le tomó del brazo. ¡No te preocupes, John! ¡Esto pasa, hasta en las mejores familias!

El recorrido por la exposición fue realmente entretenido, por lo variopinto de la muestra en la que había –y aquí copio la relación aunque resulte tediosa, pero refleja la actividad industrial de España en esa época-, desde muebles, a lámparas, coches, sedas y pieles curtidas, calzados de charol, ceras para velas, vinos, licores, jabones de lavar y perfumados; oro de las minas de Nogar y Corporales, en León y Huetor Vega, en Granada; la pepita de oro de 18 y medio adarmes extraída del río Espino; la mina de plata de Santa Cecilia, en Madrid, el azogue de Almadén; piedras para la construcción; cobre de Río Tinto; carbón mineral, espadas y cascos, bañeras de zinc y vidrieras de colores, peines, telas metálicas, hierros de todas clases, latas, limas, muebles de hierro, prensas para extracción de aceite; cristales ópticos, un modelo en pequeño de una máquina de vapor, máquina para labrar chocolate, combinaciones secretas para cerraduras, un aparato eléctrico que hace movimientos de rotación, un telégrafo eléctrico, un reloj para torre, tres clases de arados, una pierna artificial imitación de una natural en su aspecto y movimientos[58],

---

[58] El Jurado concedió medalla de bronce a su creador, pero dudó de la utilidad, sin tener a nadie que se prestara a probarla.

lacres, gelatina con sabor a anís, colorantes, sosas y sales de Heredia, capsulas de gelatina para conservar, agua gaseosa[59], bujías, perfumes, cerillas fosfóricas, almidón, loza y porcelana de Sevilla, alfarería decorada, botellas y gres resistente al fuego, azulejos, sables, arcabuces, escopetas de dos cañones, fusiles, pólvora de Murcia, cañones de Sevilla y Trubia, platería y joyería, miniaturas en bronce, bustos, esculturas y lienzos, piedras finas y falsas, condecoraciones, órganos y pianos, miel, cochinilla, frutas, lino y cáñamo, azafrán, sistemas de riego de Valencia, Murcia y Granada, regaliz, caballos, yeguas, vacas y ovejas, azúcar[60], cartulinas, sombreros, papeles pintados, encuadernación y tipografía, hilados, paños y bayetas, lanas, tejidos de punto, algodón, telares, cría del gusano y tejidos de seda, dentaduras postizas, hormas ortopédicas, abanicos, paraguas y sombrillas, y una torta de plata fundida en Adra.

Guntherson, que por más vueltas que dio por el recinto, siempre terminaba ante el pabellón 158, el de la fábrica abderitana, escribe sobre su visita a la exposición, acompañado de Cascales: "De buena gana me hubiera traído para Adra muchos objetos, sobre todo la mesa de billar que el ebanista barcelonés, Francisco Amorós, llevó a la exposición, con esas nuevas bandas metálicas que él ha inventado y que hacen las jugadas más precisas. Pero me lo impidieron el transporte y el precio. Veinticuatro mil reales es demasiado dinero para un entretenimiento. Ya con el gasto que hice en la mesa de escritorio, de palo santo, con un tambor de cuadrante de círculo y su tablero extensible, comprada al ebanista Fournier, de Madrid, es suficiente[61]".

---

[59] La muestra de agua gaseosa se quedó sin premio, porque cuando la vio el Jurado ya estaba sin fuerza.

[60] Los ingenios azucareros de Adra no acudieron a la exposición, aunque sí estuvieron los de Motril y Almuñécar.

[61] Vi restos de aquella mesa entre los escombros de la casa.

La comisión que evaluó los resultados de la Exposición, emitió el informe donde daba cuenta y ensalzaba al detalle el trabajo en la fábrica de Heredia. Guntherson guardaba dicho informe en su legado:

"Entre los varios artículos procedentes de la fábrica de San Andrés de Adra, de los Sres. Heredia, que tanto han contribuido a enriquecer la Exposición, se distinguen particularmente las planchas de todas clases, los tubos soldados con soplete, los caños para diversos usos, los mazos de alambre, barras, perdigones, balas y otros objetos de plomo, tan útiles por sus aplicaciones, como recomendables por el perfecto acabado, y la excelencia del material.

Nunca encarecerá bastante la Junta su fabricación, y el servicio que prestan a la industria española, porque ni pueden encontrarse de mejores condiciones en otras partes, ni por la extensa escala en que se producen, hay ya necesidad de pedir sus similares al extranjero.

La fábrica de San Andrés surte suficientemente nuestro mercado, y ofrece un ejemplo notable de nuestros progresos en la metalurgia. Aun desde su origen, ha debido llamar la atención de los inteligentes, no ya por lo que entonces era, sino por lo que prometía en un cercano porvenir, dotada de cuantos elementos puede ofrecerle la naturaleza para asegurar su existencia, y darle todo el desarrollo que ahora consigue, auxiliada igualmente por el arte.

En efecto, cuando los plomos de la Sierra de Gádor obtenían una marcada preferencia en el mercado general de Europa, tanto por su natural bondad, como por la baratura de los precios, aunque muy tarde, se tocó al fin la necesidad y la conveniencia de prohibir absolutamente la extracción del mineral que los produce, para fundirle en nuestro suelo, y obtener todas las ventajas conseguidas por el extranjero, a costa de la imprevisión ó la indolencia, que les abandonaba tan inmensa riqueza. Viéronse entonces en la Sierra de Gádor, y los términos de Adra, los primeros establecimientos destinados a beneficiar el plomo, al lado mismo de sus extensos criaderos, y las empresas extranjeras y las nacionales rivalizar en actividad y constancia, para obtener las mayores utilidades posibles en el ejercicio de tan lucrativa industria.

Entre las fábricas que ésta produjo, fue una de las más notables la llamada entonces de San Andrés, situada al occidente de la villa de Adra. Aumentada en el año de 1822 por la casa de Rein y Compañía, del comercio de Málaga, obtuvo desde esa época considerables ensanches, pues á los tres reverberos y dos mangas, con que beneficiaba los alcoholes de la Sierra de Gádor, se agregaron en 1824 seis hornos ingleses; fueron demolidos los antiguos, harto mezquinos e irregulares para el vuelo que habían tomado sus trabajos, y se plantearon dos cilindros, una máquina de vapor, con la fuerza de 14 caballos, los tubos y demás maquinaria para fundir las horruras de los reverberos.

En 1837, los Sres. Coliman, Lambert y Compañía, del comercio de Londres, vendieron este establecimiento a Don Manuel Heredia, que le ha dado su nombre, y mejoró notablemente sus procedimientos, procurando mayores ensanches a la fabricación, y mas orden y regularidad a los métodos y operaciones.

El año de 1841 se verificó aquí la primera copelación de plata; y hasta febrero de 1842 produjo 70 tortas, con el peso de 28,154 marcos de plata de 12 dineros.

Los herederos de Heredia, sus actuales poseedores, no sólo han conservado la fabricación, sino que llevándola más lejos, tomaron del extranjero todos los métodos y aparatos que podían mejorarla. El establecimiento comprende actualmente:

1° Una máquina de vapor de la fuerza de 25 caballos, para el servicio de nueve mangas ú hornos castellanos.

2° Otra de la de 14, para fabricar planchas y tubos de plomo, y mover la maquinaria con cuatro cilindros, que tritura los alcoholes y minerales argentíferos.

3° Tres hornos de copela.

4° Una torre de 100 pies de altura, para la fabricación de perdigones[62].

5° Una chimenea subterránea de vastas dimensiones, donde se recoge el humo de todos los hornos, que después de enfriado deja una especie de polvillo plomizo, el cual vuelve a fundirse con buen éxito.

6° Ocho hornos ingleses para la primera fundición de los alcoholes.

7° Nueve castellanos de manga, de los cuales dos funden horruras; cinco la mena argentífera de Sierra Almagrera; uno los desechos de las horruras; y otro sin ejercicio, para suplir el que pueda inutilizarse.

8° Dos más para reducir a plomo el litargirio, producido por las copelas.

9° Tres hornillos con sus calderas, destinados á la extracción de la plata por el sistema de Pattingson.

10° La máquina donde se tiran las planchas de plomo, compuesta de dos cilindros de hierro colado, con sus apoyos, husillos, tuercas de bronce, ruedas y demás maquinaria, con dos largas mesas y los correspondientes rodetes, que facilitan el movimiento de las masas de plomo, dispuesto á convertirse en planchas.

11° La máquina, la caldera con tres hornillos, y doce moldes para la fabricación de los tubos.

12° Un laboratorio docimástico.

13° Una fuente y varios pozos. Tan multiplicados aparatos, y su extenso servicio, exigían muy vastos departamentos y numerosas dependencias.

Gradualmente, y conforme la fabricación se agrandaba, sus empresarios aumentaron las construcciones, y vinieron por último a formar la gran masa de edificios, que hoy constituye,

---

[62] La Torre de los Perdigones es hoy uno de los símbolos notables de Adra y una bien conservada muestra de la importancia de aquella Fundición.

bajo un plan regular, el establecimiento de San Andrés de Adra. Hay en él dos casas magníficas para el director y el ingeniero[63]: un extenso almacén, donde se depositan los alcoholes: dos para minerales argentíferos: uno para hierros : otro para maderas: otros tres para perdigones y diferentes útiles: otro para herramientas y el servicio de los hornos: otro para los efectos de la maquinaria: extensas cuadras y dependencias, para las diversas fabricaciones y talleres: ocho casas para operarios, todo dentro de un cercado, y fuera de él cinco casas más, y dos caleras con sus respectivas habitaciones.

Disminuidas las demandas de los plomos de la Sierra de Gádor y de la de Almagrera, y no tan ricos sus criaderos, aunque todavía en abundancia y bondad no conocen rivales, decayó también algún tanto el movimiento y actividad de las fundiciones de Adra, hoy menos productoras que en años anteriores. Si la Junta carece de datos para determinar su producción actual, puede asegurar que es la primera de su clase en España, y de las principales conocidas en Europa.

En todo el distrito de la Inspección de Adra a que pertenece, se copelaron durante los años de 1842, 1843 y 1844, 93.357 marcos y una onza de plata, y fueron exportados en el trienio de 1840, 1841 y 1842, 91,000 quintales de alcohol y 1.345.000 de plomo, importando los primeros, a razón de 32 reales quintal, 970.656 reales, y los segundos 18.829.986.

Últimamente, a pesar de haberse disminuido el mercado de los plomos procedentes de la Sierra de Gádor, la fábrica de San Andrés obtuvo considerables adelantos, mejorando las prácticas para la elaboración del plomo, y dándole todas las aplicaciones posibles.

---

[63] Hasta la década de los 80 del siglo XX, estuvo en pie el magnífico edificio en el lugar conocido como Portón de Carreño.

A las fundiciones de este metal allega ahora, no sólo las de los minerales argentíferos de Sierra Almagrera, y las de los escoriales, sino también la fabricación del albayalde, del litargirio, del minio, y otras pinturas y productos químicos de mucha importancia en el comercio, y todo conforme á las mejores prácticas adoptadas en los establecimientos mas acreditados de Inglaterra y Francia."

Carpeta IX:

La hacienda de Tumanpayá

La carpeta que menos encajaba en toda la documentación, al menos a simple vista, es la titulada 'Defensa de las posesiones en Bolivia'. Cinco cartas manuscritas y un expediente notarial, que arranca en 1770 y que termina el 30 de noviembre de 1818[64]. Este expediente, con sus hojas cosidas que no guardan orden cronológico, tiene como primera página, de las sesenta que lo forman, una con el encabezamiento del Sello Real de Carlos IV en latín y una leyenda "Sello Cuarto, un cuartillo, años de mil setecientos noventa y seis y noventa y siete".

Una carta manuscrita justifica la presencia del expediente en manos de John Guntherson, aunque debió ser dirigida al padre o tío de éste, con el mismo nombre y apellido.

"Muy querido y respetado amigo, Mr. Guntherson, de mi total consideración.

En el barco que supuestamente partirá de El Callao el próximo día 6 de diciembre, porque los fletes tardan más, pero son más seguros en el correo de Arequipa, le enviaré, gracias a la amabilidad de la familia Castañeda, que tiene una gran extensión de tierras entre Bolivia y Perú, que antes estaban unidas y que ahora les separa la frontera, una documentación que llevará, Dios mediante, la joven india que bajo el amparo de esta noble familia va a ingresar en un convento de la provincia de Cádiz como novicia.

No es un caso raro, pero sí resulta curioso que don Alfredo Castañeda haya accedido a que una sirvienta suya, como lo fueron los padres y los abuelos de ésta, atraviese el océano

---

[64] Los documentos auténticos que componen ese expediente, a los que hace referencia fueron entregados por el autor al Gobierno de la República Plurinacional de Bolivia, a través de la Embajada en Madrid, el año 2009, recibiéndolo el Ministerio de las Culturas, en La Paz, para ser incorporado al Patrimonio, y servir de referencia en la nueva configuración de los territorios autónomos de las comunidades indígenas.

para tomar hábitos, cuando acá existen. Mucho aprecio debe tener a alguien para invertir una fortuna en este asunto. Las malas lenguas, que casi siempre son acertadas, apuntan que la preciosa joven es fruto de una pasión momentánea y que, por circunstancias de la vida, la niña se hizo querer de una manera muy especial.

Todos hemos tenido en la vida algún tropiezo, unos más afortunados que otros, y poco hay que criticar en el comportamiento de los demás, sin atreverse a mirar al propio espejo.

Ya me gustaría que estuviera en algún monasterio próximo a usted, en Adra. Pero usted me relató que esa villa sólo cuenta con una parroquia y dos ermitas casi en ruinas, además de dos capillas privadas y ningún convento masculino o femenino. ¡Qué raro en la católica España!

Da eso la medida, más que de la villa, de la condición de sus vecinos ricos, más preocupados de las cosas de la tierra, donde tienen su salvación, que de esperar algo más del cielo, y también de la poca atención que la propia Iglesia ha prestado a esa villa. Se ve que el plomo está reñido con las plegarias.

Es raro que, siendo como es la tierra andaluza, tan pródiga en grandes templos y multitud de conventos de todo tipo, esa parte del antiguo reino de Granada, no haya tenido jamás ni una casa de recogidas regentada por monjas, o auspiciadas por algún patricio o piadosa dama, especie que tan poco abunda en esa villa, a no ser en época veraniega. Dígame, amigo John, si estoy en lo cierto.

La verdad, -y perdón por la disquisición anterior-, es que Castañeda no ha parado en atenciones a esta criatura de Dios desde que nació y ahora, por lo que se ve, quiere entregarla a la oración y a la contemplación del Señor.

Parece sorprendente que una joven, acostumbrada a la pureza de este aire en las alturas de la cordillera, también quiera, por voluntad propia, encerrarse de por vida entre cuatro paredes.

Hay cosas que respeto profundamente, pero que no llegaré a entender nunca.[65]

Ella tiene el encargo de Castañeda de entregarle mi remesa a la persona que en nombre de usted, aparezca en el muelle de Cádiz cuando el barco atraque, Dios mediante, donde la esperarán dos monjas y un carruaje para llevarla al punto de destino. En todo caso, en el propio convento podrá recoger el paquete, si ella y la persona que usted mande no llegaran a encontrarse en el puerto, porque sé que aunque usted quisiera, son muchos kilómetros los que separan a las dos poblaciones.

El documento que le envío da cuenta de las penalidades que los herederos de la gloriosa conquista de las Indias, llevada a cabo bajo los auspicios de Sus Majestades Doña Isabel y Don Fernando, -aunque en esta parte no tuvo lugar hasta después de 1535- y continuada hasta nuestros días, han sufrido y vienen sufriendo desde que la debilidad del Reino viene permitiendo que se desgajaran éstas y otras posesiones, formándose las distintas repúblicas, sin más base que los deseos de romper con España y sin estructuras que puedan dar a estas tierras el calificativo de naciones.

Sé que me lleva mi patriotismo al afirmar esto, pero también sé que no ando descaminado. Soy descendiente de marinos portugueses, pero usted sabe que me considero hispano, porque en la distancia, Portugal y España se ven unidos. Sé

---

[65] Es curioso el interés que Guntherson demostró por los asuntos relacionados con los indios. En la carpeta sobre la salida de Boabdil por el puerto de Adra, hay adjuntas muchas referencias a la conquista de América y, en todas, se vislumbra cierto afecto hacia los indígenas por parte de J.Guntherson, tal vez influenciado por la lectura de las obras de Bartolomé de las Casas, o por los propios documentos y cédulas de los Reyes Católicos quienes, si en un principio vieron en el comercio de esclavos indios una fuente de ingresos, pronto cambian su actitud, se interesan por los primeros nueve indios que trajo Colón y posteriormente llegan a ordenar la puesta en libertad de los indios vendidos como esclavos, apercibiendo al Obispo de Badajoz de que debía cumplir esa orden e incluso permitiendo a los indios volver a su tierra, si así lo deseaban, cosa que hicieron casi todos, a excepción de una niña india que prefirió quedarse en Sanlúcar siguiendo las costumbres cristianas.

también que usted tiene una opinión distinta por su ascendencia anglo-germana y que la decadencia de España y Portugal favorece tanto a Alemania como a Inglaterra, pero ni usted ni yo vamos a cambiar el curso de la historia.

En cuanto a estas tierras, deberán pasar muchas generaciones para que, lo que se abandonó tan de prisa y con tan malas artes por parte de España, y en aras de los aires liberales de la Constitución de 1812, pueda caminar por sí solo.

Las fronteras que se han creado son ficticias y se han roto comunidades que ahora no saben qué nacionalidad tienen. El caso más singular es el Lago Titicaca y su entorno. Le hablo de eso porque es el que conozco, pero en las mismas circunstancias están, sin temor a exagerar toda América del Sur y las islas del Caribe.

Cuando usted reciba la documentación original que le envío y espero llegue a sus manos y cruce el océano sin ninguna perturbación climatológica o de piratería, que usted sabe está destrozando las líneas regulares entre uno y otro continente, le ruego la estudie con detenimiento y sin devolverme, de momento, esos originales, me dé su docta opinión.

Deseo que cuando eso ocurra, yo permanezca en Bolivia, aunque por la seguridad de mi familia y la mía propia temo que eso no se prolongue por mucho tiempo, a pesar de que amo esta tierra como mía y porque, pongámosle un poco de humor, ya me he acostumbrado a estas inmensas alturas.

Con todo mi afecto y respeto.

Juan Francisco de Fonseca."

Junto a esa carta hay una copia de la que Guntherson remitió a Juan Francisco de Fonseca, en los mismos cariñosos términos, lo que revela que mantenían una amistad sólida, confirmada en sucesivas misivas.

"Muy apreciado amigo Fonseca: Recibir noticias suyas siempre es motivo de satisfacción, porque desde que usted me acogió en su casa, no he vuelto a sentir mayor expresión de hospitalidad y amistad en ninguna otra parte del mundo. Desde la amabilidad de los sirvientes a la exquisitez del trato en todo el pueblo, aquellos días han dejado una huella imborrable. Ya sabía que usted era un hombre respetado en el lugar, pero no sólo es respetado, ¡Es el dueño!

o entiendo nada, y en eso me sumo a su opinión, sobre naciones y dominios; no renuncio a mi pasado ni el de mi familia, pero tanto usted como yo, ya hemos recorrido buena parte del mundo y sabemos que lo de Portugal y España ha sido una sinrazón histórica, peleas entre familias reales, trasmitidas a sus súbditos. Trifulcas palaciegas convertidas en batallas y aprovechadas por otras naciones. Si tomaran ejemplo de usted y de mí, se hubieran evitado muchas guerras porque, por muchas diferencias de criterios que tengamos, siempre terminaríamos brindando con una copa de Oporto o de Jerez, aunque asuma mi debilidad por la segunda y no vamos a entrar en discusión a tantas millas de distancia, pero debe reconocer que el Jerez tiene una variedad de vinos, secos, finos, olorosos y dulces que en la ciudad porteña no han conseguido. Haya paz.

Esperaré a que llegue su envío e inmediatamente me pondré en la tarea de ver de qué se trata y de darle, como en otras ocasiones, mis mejores consejos. Supongo que son conflictos de tierras y herencias que es el motivo de las principales disputas. En esa cuestión, el papel y los sellos reales llegan hasta donde pueden, porque al final es la ley del más fuerte la que se impone, en España, en América y en China.

El anunciado envío llegó entre las pertenencias de la muchacha, al bullicioso puerto de Cádiz. Guntherson no pudo resistir la tentación de viajar por la dificultosa carretera, con tramos sin arreglar desde que era calzada romana, en un carruaje que fue preparado, en la herrería de la esquina de la plaza de las Atarazanas, para tan larga travesía.

El viaje comenzó prácticamente en plena noche, ya que, de madrugada, al alba, atravesó Castel de Ferro y comenzó el vericueto de acantilados que se sucedieron hasta Almuñécar, donde Guntherson pasó la noche en casa de los Padilla, comerciantes de uvas pasas, a quien había conocido en Adra cuando a éste le faltó género para sus clientes. El propio Guntherson buscó los contactos entre los cultivadores abderitanos para atender a Padilla, quien con estas atenciones devolvía, en parte, el gesto.

Entre parada y parada, en Málaga, Estepona, San Roque, Casas Viejas, Medina Sidonia, Chiclana y San Fernando, el carruaje no pisó el pavimentado suelo de Cádiz hasta seis días después, los justos para coincidir con la llegada del 'Santísima Trinidad'.

Como era habitual, una multitud estaba en el muelle gaditano: carruajes, animales de carga, mozos, sacerdotes, militares, parientes, vigilantes. Un hervidero de gente que no era sino uno de los últimos reflejos de lo que debió ser el Cádiz de los tres siglos anteriores.

Guntherson vio descender por la escalerilla del velero a personajes de todo tipo. Primero, familias enteras con elegantes vestidos a la francesa, indianos y sus criados, y así hasta los últimos pasajeros, que parecían venir del fracaso. No halló a la muchacha y eso que esperó a que, creía, no quedase nadie en el bergantín, por lo que se dirigió al palacio de la Aduana, para pedir alguna referencia.

En ese intervalo de tiempo, otro carruaje que llegaba procedente de El Puerto de Santa María apareció en la explanada junto a las murallas que circundan el puerto gaditano. De él tres monjitas, bajitas y vestidas todas de negro como pingüinos, se apearon camino del velero y, tras hablar con un centinela, éste dio aviso a cubierta.

Al poco tiempo bajaba la muchacha, temerosa, peldaño a peldaño, mirando desde la empinada escala, el cantil del muelle y el hueco de mar que lo separaba del buque.

Guntherson salió del despacho de Aduana, preocupado porque no supieron darle referencias, pero aseguraron que la muchacha había hecho el viaje en el 'Santísima Trinidad'. En la misma puerta del edificio construido por orden de Carlos III, se topó con las tres monjitas y con una preciosa joven, morena, de mediana estatura, alta en comparación con las monjas, de piel tostada y ojos azules.

-Hermanas… ustedes son…

-Usted es el señor Guntherson! Ave María Purísima! Gracias a Dios que le encontramos!.

-Sí, soy John Guntherson y me imagino que esta joven es…

-María de la Paz, la enviada por la familia Castañeda.

Guntherson extendió el brazo para saludar a la joven y ésta aprovechó la ocasión para entregarle el voluminoso sobre con el encargo de Fonseca.

-Es para usted, señor, con los saludos de la familia Castañeda, mis señores, y del señor Juan Francisco Fonseca. Al pronunciar el apellido Castañeda se le humedecieron los ojos, de un increíble celeste cristalino. Guntherson se vio forzado a apartar la mirada ante tanta belleza.

La monja que aparentaba más edad, se dio cuenta del trance y cambió la conversación.

-Qué buen ambiente tiene siempre Cádiz. Nosotras salimos poco del convento; sólo cuando llega alguna novicia desde América, pero este jaleo tiene que dar mucha vida a esta ciudad. ¿Es lo mismo en esa parte de Granada en la que usted vive?

-Ni por asomo, hermana. Adra es un puerto de pescadores y aunque pasan y fondean barcos, rumbo a Cartagena, Alicante o Barcelona, no tiene un puerto ni parecido a éste.

Es todo tan apacible que aquello sí que es un convento sin paredes y, debo confesarlo, sin tantas oraciones.

-¿Se marchará usted inmediatamente para allá?

-No. Ya que estoy aquí, aprovecharé el viaje ver a viejos amigos y para solventar algunos asuntos con la naviera que tiene el correo de Cádiz a Barcelona y Marsella, a ver si consigo que al menos una vez al mes fondee en Adra y puedan fletarse algunos productos de aquella zona, porque los barcos franceses que ahora llegan con carbón asturiano, cada día son más caros y el servicio más lento. Son demasiado estrictas las condiciones y nunca será igual un transporte español, con sus defectos, que un velero francés.

-Uf... Válgame el Señor. De eso, nosotras no entendemos nada.

-Yo sí... dijo con voz entrecortada María de la Paz.

¿Cómo? Preguntaron al unísono Guntherson y las monjitas.

-Sí, hermanas. Sí, señor. En casa de mis señores, los Castañeda, yo me encargaba de preparar los paquetes para los envíos que debían salir cada mañana en el correo. Seleccionar las muestras, limpiar el grano, empaquetarlas, escribir las direcciones de destino, atar los paquetes y ponerles el lacre, además de rellenar el libro de partidas.

-¿Tan joven?

-Estamos acostumbrados a trabajar desde pequeños. Ser útil a los señores y ayudar a la familia es un regalo de Dios, nuestro Señor.

-Perdón, pero si ese trabajo le gustaba ¿Realmente tiene decidido separarse del mundo para entrar en un convento a tantos kilómetros de su gente?

-Si estuviera más cerca, no lo haría, señor. O por lo menos, me sería más difícil. Así, sé que el Señor me ha llamado para siempre y sin que quede en mí la más mínima esperanza de volver. Vengo a entregarme totalmente al Señor y a lo que necesiten en el convento.

-No tan de prisa, jovencita. Dijo la veterana monja. Todas entramos en el convento con esa fuerza y luego, algunas, descubren, en el día a día que eso no es lo que buscan. Ojalá tuvieras la oportunidad de estar unos días en una familia gaditana y luego descubrieras por ti misma el fondo de tu corazón, hija mía.

Guntherson, aturdido por la conversación, permanecía en silencio hasta que propuso despejar esa incertidumbre.

-Tengo unos buenos amigos en Cádiz. Es una respetable y querida familia que, seguro, no tendrán inconveniente en que María de la Paz esté unos días con ellos y esa estancia sirva de intermedio entre 18 años en la frondosidad de las plantaciones de café y la frialdad de un convento.

-El convento no es frío, señor Guntherson, - respondió la monja-. Está lleno de actividad, de oraciones y de paz, pero entiendo lo que quiere decir. Usted es una persona que merece todos nuestros respetos y nuestra confianza, porque así nos lo hicieron saber sus amigos americanos. Es por tanto, usted, la única familia que María de la Paz tiene en España.

Guntherson, ruborizado, sólo acertó a decir ¡Gracias, hermanas!.

Después de unos instantes de silencio, la joven, con cierto aire de ingenuidad y precipitadamente exclamó:

-Bueno, si el señor Guntherson lo desea, estoy a su disposición, si cree que es lo mejor para mí ¿No, hermanas?

-Indudablemente sí, -respondió la monja-, una semana más o menos no cambiará los designios del Señor y, al fin y al cabo, es Su voluntad y no la nuestra, la que cuenta. ¿Cuánto tiempo piensa quedarse en Cádiz, señor Guntherson?

-Seis o siete días, hermana.

-Los justos. Así en casa de esa familia amiga suya podrá conocer María de la Paz otra forma de vida y entrar en el convento teniendo otra nueva familia en Cádiz, que pueda ayudarle a ella y la visite de vez en cuando en el convento. Es una alegría ver cómo cada cierto tiempo las familias llevan cosas para las hermanas y comparten una media hora de oración con nosotras.

Guntherson, María de la Paz y las monjas se dirigieron al carruaje de éstas, donde depositaron todos los bultos que la joven traía en su viaje, a excepción de un atillo con muy poca ropa y una cesta.

Tras conversar un buen rato, las monjas subieron a su carruaje, después de recibir un donativo de Guntherson y de besar en la frente a María de la Paz. Ambos, ya solos, anduvieron unos pasos hasta llegar al otro carruaje, en el que esperaba el soñoliento cochero, quien al ver a los dos viajeros, pensó, ¡Joder, éste hombre no pierde el tiempo!

-Buenas tardes, señorita!. Señor ¿Dónde desea que les lleve?

-A ninguna parte, amigo. Usted se quedará aquí cuidando del coche y de las pertenencias y la señorita y yo, iremos andando a la calle de La Pelota, a dos pasos de aquí. Ya vendré en cuanto solvente un asunto y le diré qué hará.

-Como usted mande. Pero debo comer, dar algo al animal, limpiarlo, limpiar el carruaje...

-No se preocupe. Soy el más interesado en que haga usted todo eso. Tenemos aquí para varios días.

Guntherson y María de la Paz atravesaron la pequeña puerta de la muralla que daba a la plaza de San Juan de Dios y caminando por ella iban charlando sobre Bolivia, la finca de los Castañeda y Fonseca, aunque la joven no dejaba de observar la gran cantidad de gente en la calle, los edificios de cuatro plantas con sus cierros y balconadas llenos de tiestos de flores, y las torres de las iglesias.

Mirando a Guntherson, la joven dijo: -¡Qué bonita es esta ciudad!

El, que no se atrevía mirarla a los ojos, respondió.

-Sí, muy bonita. Allí es, esa casa es la de la familia Alvarado. Casi frente a frente con la puerta del Pópulo. Desde las habitaciones se ve cómo la gente se detiene a rezar a una pequeña virgen que hay en la hornacina que está sobre el arco. Ya tendrás tiempo de verla.

Los sirvientes de Alvarado, de origen cubano, abrieron el portón en cuanto Guntherson tiró de la cuerda con la campanilla.

-Señora, señora, el señor de Adra está aquí.

-¿Qué? ¿Guntherson en Cádiz? ¡Esto sí que es una sorpresa!. ¡Alejandro, Alejandro, nuestro amigo John, está en casa!.

-Pues sí que le aprecian, señor! –murmuró María de la Paz.

-Llámame John, por favor.

-No sé si podré. No estoy acostumbrada a eso, señor.

-John!

-Lo que usted mande, John.

Rosario, la mujer de Alejandro Alvarado, bajó la escalinata de mármol que unía el primer piso con el patio y abrazó a Guntherson, besándole al tiempo que le tomaba de las dos manos.

–Qué alegría verte por aquí de nuevo. ¡Algo importante te debió acercar a Cádiz nuevamente! Negocios o... ¿Quién es esta belleza? Deja que adivine... Por fin te casas ¿O me equivoco?

-Para, para, no vayas como un torbellino. Yo también me alegro de estar en Cádiz y de verte de nuevo. Vine a recoger a esta señorita que acaba de llegar en el 'Santísima Trinidad' desde El Callao.

-Señorita. No sabe usted la suerte que tiene al caer en manos de Guntherson, aunque lo veo un poco mayor para usted, si la cara es el espejo del alma usted debe ser la bendición que le faltaba al bueno de John.

María de la Paz no podía aguantar la risa, mientras Guntherson trataba de salir de aquel embrollo de la mejor manera.

-Rosario, que no. Que no te precipites. Esta señorita viene como novicia a un convento de El Puerto de Santa María y su familia me designó su tutor hasta que ese ingreso se haga efectivo.

-¡Qué lástima, pobrecita mía, con lo bonita que es! Por la Virgen del Rosario, y que Dios me perdone, pero yo no la veo con un hábito con esa carita de ángel!

-Precisamente. Algo tiene ya adelantado.

La joven no pudo aguantar y soltó una carcajada.

-Perdón. Están hablando de mí, sin preguntarme si deseo o no ser monja! Voy a entrar, si usted, John, quiere, y los señores me lo permiten, dentro de una semana en el convento. Es mi mayor ilusión y para eso vengo preparada. Pero acepté su invitación de conocer Cádiz para luego encerrarme, si Dios quiere.

-La joven tiene las ideas claras, -replicó Rosario-. Os podéis considerar en vuestra casa. ¿Y el equipaje?

-María de la Paz sólo tiene aquí, este atillo. El resto está ya camino del convento y yo, -dijo Guntherson-, lo tengo todo en el carruaje que he dejado dentro del muelle.

Pues nada. Ahora mismo mando a nuestro cochero que enseñe al tuyo el camino hasta Puerto Chico, donde hay una buena cuadra y sitio para dejar el carruaje el tiempo que haga falta. En la misma casa hay una fonda para que tu cochero se quede a dormir.

-¿Cómo se llamará cuando haga sus votos?, preguntó Rosario.

-Aún no lo sé, señora, pero ¿Cómo se llama la patrona de Adra, John?

-La Virgen del Mar, contestó Guntherson.

-No sé. Tendré que pensar en ello en estos días, Mar, Sor Mar, no sé. Lo dejo para otra ocasión.

Alejandro Alvarado baja de prisa la escalera y desde ella grita -¡Mister Guntherson, how are you!

-¿Lo entendiste? Preguntó Guntherson a María de la Paz.

160

–Sí, -respondió la joven. Sé un poco de inglés. El comercio del café me ayudó a aprenderlo.

-Vaya, cuántas sorpresas, -recalcó Guntherson-, quien contestando a Alvarado y también a voces, respondió:

-Déjate de tonterías, porque sabes que el español es el idioma que más me gusta.

Un largo abrazo en silencio, abrió definitivamente las puertas de la casa de Alvarado a Guntherson y la muchacha.

Rosario mandó acomodar a María de la Paz en la habitación que antes, desde la calle, Guntherson le había señalado, en el segundo piso de la casa, mientras que a él le ofrecieron el dormitorio de invitados, en la primera, tan espacioso como el de los dueños del palacete.

John Guntherson no esperó a llegar a Adra para descubrir lo que encerraba el sobre enviado por Fonseca y en cuanto se acomodó, después de una tarde de charla, de una frugal cena y de recibir el pequeño baúl con sus pertenencias, que había dejado en el carruaje, se puso a leer los documentos, en los que invirtió tres largas noches.

"Don Casimiro y doña Juana de La Rea, ambos hermanos, hijos legítimos de Doña Micaela Cutipa Ninacanchi, esposa de Don Matías Bexa y su licencia expresa por medio de la persona de nuestra confianza como vecinos del pueblo de Italaque, ante Vd., conforme a Derecho parescenos, decimos que en dicho pueblo poseemos como biznietos legítimos de Doña Micaela Ninacanchi unas tierras nombradas Liani y Lampayani, por amparo hecho por el Rey Nuestro Soberano[66] desde la conquista, a nuestros abolengos en premio a sus servicios, con amojonamiento de linderos.

---

[66] Se refiere a Felipe II

Hoy en día, los indios de la parcialidad de Canchis del enunciado pueblo, se nos han introducido violentamente, con regocijo, sin hacer caso a nuestras convenciones, en las de Lampayani, arriba, en una porción de tierra, apoyados aquí con indios del Común, contra todo el temor de la última actuación de avivamiento de mojones y linderos que con mucho trabajo de muchísimos años había hecho el teniente de corregidor de dicho nuestro pueblo, llamado don Calixto Machicado y Zárate.

Sufrimos el despojo y detentación sin licencia, por no encontrar los papeles. Ahora que han aparecido por Divina Providencia, con el testimonio en mano, rogamos se haga nueva vista y resuelvan los indios abandonar las tierras sin bullas ni estropicios".

"Septiembre 28, de 1774. Declaración de Juan Bautista de La Rea, vecino del pueblo de Italaque, ante el Señor Teniente General y Justicia Mayor, contra las personas Pascual Mamaní y Francisco Guaxincayo, quienes están en las otras mis tierras, hechos absolutos señores, sin temor de Dios, sin hacer aprecio a los mandatos y las obligaciones que tienen los Janaconas, estos convencidos de su mal natural, quieren decir que las dichas mis tierras son pertenecientes al común de aquel pueblo, esto es y habiendo visto ellos la exposición de dos jueces que fueron Don Bartholomé de Vera y Don Calixto Machicado quienes dieron dicha posesión en dos ocasiones a mi cuñado Don Agustín Cutipa y a su hermana, mi mujer legítima, Doña Micaela Cutipa y como tal su marido soy apto para mandar en las dichas tierras, a las que fui hace pocos días a mandar desgranar un poco que tengo cogido por la cosecha y por lo que les dije que desgranaran maíz con bastante cariño, me empezaron a apedrearme severamente sin temor de Dios con aquella desvergüenza de palabras injuriosas tan disonantes al género humano, que fueron a matarme sin ninguna piedad, con tanta desvergüenza el Pascual Mamaní que, aparecida que fue la noche vino a sondearme, al cual suceso estuve paciente sin moverme de la casa donde me aposté. Aquel vino por la mañana de mano armada y solo por haberle dicho que me ayudara a desgranar, empezó a tirarme y por persuasión divina quedé cuasi muerto en la primera pedrada pues me dio en la cabeza, y me dejó cuasi sin sentido y a las otras varias pedradas me fui defendiendo con un lazo, por donde libré la vida, por cuyo hecho y criminosa causa, la Justicia mandó comparecer a estos infames delincuentes y en ellos haga formal reconocimiento de la maldad que han ejecutado, y quede citado a la prueba manteniendo la posición de la Justicia hasta que Vm. ponga remedio"

El enfrentamiento no cesa y Juan Bautista de La Rea, se ve obligado a poner otra denuncia contra Francisco Guaxincayo, porque "tiene la desvergüenza de dar en arriendo mis tierras a otros, sin ningún servicio para el legítimo dueño."

Desde comienzos de 1700 hasta cercana la segunda mitad de 1800, se suceden los conflictos, las invasiones, las riñas y los juicios cuyos documentos van cambiando de membrete desde Carlos III, Carlos IV, Fernando VII y los primeros timbres sin escudo de la República de Bolivia, hasta los de 1842, que ya lo traen impreso.

Al Sr. Don Juan Francisco Fonseca. Comerciante. La Paz. Bolivia.
Querido amigo Fonseca:
"He encargado a mi amigo Alejandro Alvarado que ponga en el primer barco que salga para El Callao, el sobre que contiene esta carta, contestación a su petición, que con mucho gusto, cumplo. Alvarado y su esposa, doña Rosario, me prometieron compartir conmigo la responsabilidad de cuidar a la muchacha y ayudarla en todo lo que necesite.

Sobre la documentación, veo que esta estirpe de los Cutipa y Rea, es cierto que recibieron la merced de las tierras de Italaque, que luego extendieron a otros lugares de aquella provincia, como Paxaucapoda, incluso comprando las tierras del canónigo, con los límites marcados por el río que baja del alto de Sumaninta hasta Paxchaolata[67] y la estancia de Cariquiña y que por poderes testamentarios fueron aumentando su patrimonio, desde que el primer Cutipa tomó como legítima esposa a una india de aquella región. De eso hace ya, según los documentos, más de doscientos años. Desde entonces, la constante no ha sido otra que las reclamaciones, siempre a la fuerza, de los indios.

Estructurada su sociedad de manera distinta a lo que estamos acostumbrados en Europa y aún en algunas partes de América, ellos consideran la tierra propiedad de todos y por tanto, se reservan el derecho, el derecho natural, sobre cualquier otra ley que se quiera imponer, a labrar y sacar provecho de las tierras que ellos llaman del Común, no reconociendo otros derechos, por mucho sello real o del nuevo estado que lleven los documentos. La prueba es que han pasado cinco generaciones con el mismo problema.

Es cierto que todos debemos ajustarnos a la Ley. ¿Pero quién hace las leyes y en beneficio de quién o de qué? Entramos en el debate si los conquistadores españoles, -otros dirán simples usurpadores-, tienen legitimidad para poseer en propiedad unas tierras en las que desde siempre habitaron personas, da igual la raza o la cultura, pero personas. Y también debemos preguntarnos sobre de qué manera consiguieron esas posesiones, antes de que los reyes españoles se las concedieran.

Si, como dice uno de los cuarenta documentos que usted me ha enviado en sesenta folios, la intromisión de los indios del común en las tierras de esta familia ha sido una constante desde esa misma conquista, unas de manera violenta y en grupo, y otras negándose a trabajar para los propietarios, esa misma constancia habría que estudiarla con mesura y detenimiento, porque también

---

[67] Las denominaciones, tal como aparecen en los documentos.

debemos preguntarnos sobre los derechos legítimos de los indios que quizás no tengan papeles, pero mantienen una herencia verbal, transmitida con más fuerza que la tinta entre generaciones.

Por otro lado, ya no vale tampoco proceder, como en otros casos se hizo, al exterminio del problema, porque la sangre, en éste y otros muchos casos, se ha mezclado y ya quedan muy pocos propietarios que no lleven, aunque sea en lo más remoto de su ser algo de indio y algo de europeo.

La historia no admite vuelta atrás. Esta valiosa documentación, más que los derechos patrimoniales de alguien, refleja la histórica realidad de esa rica región del mundo, frondosa y selvática; de altas cumbres y preciosos valles, de desiertos con espléndidos recursos con sus minas de oro que tanto encandilaron a los españoles. Más que las armas y las luchas, estos pleitos, amigo Fonseca, se resuelven sin avaricia, sin recelos, con amor.

Quizás, en esta etapa del siglo XIX, independizados de aquella manera, los territorios que antes fueron provincias españolas, no tienen otra alternativa que buscar cauces para una convivencia pacífica.

Si yo estuviera en la piel de esa familia, que ha luchado durante doscientos años por su herencia, haría recuento del número de veces que mezclaron su sangre con sangre indígena y si mirándose al espejo, ven a un indio o a un europeo. Estamos tan poco tiempo en la tierra que, quizás, todas esas luchas carezcan de sentido.

Si fuera indio, por supuesto que seguiría labrando el suelo que labraron mis mayores y no sé –no me veo en la tesitura- si llegado el momento, me cansaría de recolectar para que otro se lleve el beneficio.

Pienso que en esta parte de España donde resido pasó algo semejante con los viejos andalusíes o moriscos, porque ellos labraban la tierra, entendían de canalizaciones, de cultivos, de qué y dónde sembrar.

Con la llegada de los cristianos, muchos andalusíes murieron, otros fueron convertidos y otros se quedaron como simples peones esclavizados antes de abandonar la tierra de sus antepasados, porque los recién llegados, que repoblaron los lugares arrebatados a éstos, no sabían otra cosa que guerrear y mandar, cuando no, robar como malhechores.

Querido Fonseca: Me pedía usted mi 'docta' opinión y tengo la sensación de devolverle más que un juicio crítico, un cúmulo de sentimientos enfrentados, más cuando he de confesarle que he estado a punto de cometer una locura y proponer a María de la Paz que se viniera a vivir conmigo a Adra y dejara su intención de tomar los hábitos.

No he visto mujer más hermosa y dulce en mi vida, ni una mezcla racial como ésa. Tiene el color y las facciones de una india, los ojos y la nariz, europeos, el cabello de ébano brillante y una cultura que no concuerda con su edad ni con la idea que se tiene, generalmente, de los indígenas. Si a eso, le añadimos su dulzura, propia, por otra parte, de la mujer india, verá que me es imposible hacer un juicio razonable de cualquier documento. ¡Que Dios me perdone!

Si me hubiera enviado usted estos papeles con cualquier otra persona, tal vez mi opinión sería distinta, pero es que en cada hoja que leo, se refleja la vida de María de la Paz, la lucha de su gente y, tal vez, la batalla constante de todas aquellas poblaciones que habitan el entorno de ese mar interior del Titicaca, de Perú y Bolivia.

En cuanto a María de la Paz, tuve oportunidad de mostrarle, junto al matrimonio Alvarado, el lugar donde se juró la Constitución de 1812, la Catedral, aún en obras, todas las iglesias de la capital, incluida la Santa Cueva con los cuadros de Goya y la de Capuchinos, convertida en manicomio, llena de lienzos del pintor Bartolomé Murillo quien, precisamente, murió debido a las lesiones que se produjo aquí al caerse del andamio.

Una vez hechas las gestiones que me llevaron a Cádiz, adelanté mi regreso a Adra, por mi propia salud mental y porque mi conciencia me exigía abandonar aquella casa cuanto antes. Debió ser voluntad de Dios, porque de buena gana, hubiera venido acompañado. No sabe usted, la bocanada de aire fresco que ha dado a mi existencia esa bendita muchacha. Pero María de la Paz, que ahora se llama Sor Mar, nombre que ella misma eligió como un obsequio hacia mí y a la patrona de Adra, ingresó en el convento de El Puerto de Santa María.

Mis buenas lágrimas me costó, en secreto, la despedida. Ella jamás perdió la sonrisa, ni siquiera cuando las puertas del convento se cerraban. Espero que allá esté rezando por nosotros."

Carpeta X:

Los desastres de la Guerra.

Con el mismo título que la serie de grabados y aguafuertes del pintor Francisco de Goya, el retratista oficial de los reyes Carlos IV y Fernando VII, pero también el cronista plástico de la dura realidad de la Guerra de la Independencia, y de la sociedad del finales del siglo XVIII y comienzos del XIX, Alguien, que ya no debió ser el originario John Guntherson[68], pero seguidor de sus mismas costumbres, rotuló una carpeta y la guardó entre las del legado. En ésta sólo hay papeles, hojas sueltas, informes municipales y actas judiciales.

Quizás estos documentos contienen información demasiado 'fresca' en la memoria colectiva, aunque la mayoría de la gente, trata de borrar, con cierto sentido de una inconsciente culpabilidad, en la que el acusado, siempre e irremediablemente, es el de enfrente. Izquierdas y derechas atrapadas por la sinrazón, escupiéndose errores ajenos y callando los propios.

Pasar página, dejando agazapado, sin embargo, el odio heredado en la antesala de cualquier discusión, es más pernicioso que afrontar los hechos, con todas las versiones que cada parte quiera resaltar. Eso es lo que de beneficioso vi en esta carpeta, dolorosa como pocas, como doloroso es el enfrentamiento entre hermanos, padres e hijos. Familias rotas por la incomunicación, cuando no por el cobarde disparo. Pero los hechos están ahí, después de casi ochenta años, a flor de piel. ¿Y esto pasó en Adra?

El Ayuntamiento de Adra emitió un informe sobre los destrozos en las iglesias y los nombres de los presuntos culpables.

---

[68] O tal vez sí. Ahora dudo si el último Guntherson no sería uno de los espías alemanes que vivieron en Adra y que tenían como base la Isla de Alborán, para controlar los movimientos de los buques aliados. A estos espías, les transportaba el 'barco del Tabaco', de control de Aduanas, - por tanto, con la complicidad del gobierno de Franco-, durante los años 1939 a 1943, haciéndose pasar por intermediarios de uvas pasa ante los pocos vecinos que les trataron.

El tiempo amarillentó los folios, pero la negra tinta resalta hasta doler.

"El 14 de abril de 1936, cuatro meses antes del levantamiento militar den general Franco, fueron saqueadas las iglesias y ermitas de la localidad. La Iglesia Parroquial -dice el informe- fue saqueada, destruidas muchas imágenes y arrastradas por las calles y luego, incendiada al rociar su puerta con gasolina, por un grupo de seis individuos, cuyos nombres aparecen en el informe.

Ese mismo grupo también incendió la ermita de San Sebastián y la de La Milagrosa el mismo día".

Los alborotadores detuvieron a tres sacerdotes y prohibieron a los vecinos que no tuvieran en sus casas imágenes ni crucifijos y al llegar a manos de éstos la relación de suscriptores para el arreglo de la iglesia, les impusieron multas que tuvieron que abonarlas en el acto.

Incautados varios edificios, fueron destinados a Comités de Sangre, Abastos, Alojamiento de Milicias Rojas, Hospital, Comedores, todos ellos amueblados con enseres de otras casas de personas consideradas de derechas.

La CNT tomó el control de La Azucarera, en la que trabajaban 600 obreros que nombraron cargos para todos los departamentos. No pasó lo mismo con los pesqueros que permanecieron libres, hasta su incautación en 1937, en que se hizo cargo del sector la Intendencia Militar.

La agricultura sufrió incautaciones en fincas de La Parra, El Pardo, La Hoya del Barranco y Periano.

Ese 'Día de la República' fue conmemorado igualmente, con el asalto a dos domicilios particulares que fueron saqueados.

"El 24 de julio resultaron incendiadas las ermitas de la Sierra y El Trebolar y la iglesia parroquial de La Alquería".

El paso desesperado de miles de personas que huían de Málaga con destino a Almería, también dejó su triste huella en

Adra, desde El Lance de la Virgen hasta la salida por la Azucarera, saquearon e incendiaron veintiuna tiendas de comestibles el 9 de febrero de 1937, sin duda, uno de los días más negros para Adra.

El desbordamiento del río humano procedente de Málaga arrasó prácticamente la localidad, ya que entraron a la fuerza y saquearon un total de veintidós casas. Hasta esa fecha habían sido asesinadas catorce personas en Las Albuferas y La Juana, y fueron llevadas a la prisión de Baza, el 8 de diciembre de 1937, treinta personas, acusadas de alta traición y espionaje.

La iglesia se convirtió en cárcel en los primeros momentos, aunque después habilitaron el Arresto Municipal y una checa en el edificio del Comité, donde se juzgaba a los detenidos, donde eran maltratados y la mayoría, finalmente, conducidos a la 'saca' y fusilados en el Barranco de La Juana y en los cañaverales de Las Albuferas, principalmente.

El caso que conmovió a Adra, fue el de una señora virtuosa y católica, de 46 años, considerada rica, que el Comité hizo traer desde Madrid y una vez en Adra fue llevada a *la checa*, donde estuvo prisionera durante tres meses. Allí fue objeto de burla y tortura por parte de sus guardianes, recibiendo palizas y obligándole a estar desnuda, a beber sus orines y a hacer sus necesidades en el suelo. Después de ser violada por todos sus asesinos, aunque alguno de sus secuestradores confesó en el juicio que se siguió por ese hecho, que a quien se dejaba, también desnudo, con la señora era a un sirviente, ese hecho no llegó a ser probado y la mujer fue conducida hasta la Albufera, donde recibió golpes por todo el cuerpo y sobre todo en la cabeza. No siendo sus heridas mortales, sus asesinos cavaron una fosa y la enterraron cuando aún vivía, aunque no pudieron obtener de ella confesión alguna sobre dónde guardaba su dinero y alhajas. Éstos se jactaban en el pueblo que se había quedado allí, medio enterrada y viva.

La llamada Liberación Nacional llegó a Adra el 29 de marzo de 1939, haciéndose cargo del orden público, los mismos carabineros antiguos.

El 8 de junio de 1940 fue asesinada otra persona, por arma de fuego.

El 6 de mayo de 1944, el Ayuntamiento de Adra dirige un oficio al fiscal instructor de la Causa General en el que indica el nombre de individuos considerados 'rojos', en una lista de veintisiete, de los cuales fallecieron once, tres fueron detenidos en Adra, tres en Almería, tres escaparon en uno de los dos pesqueros que confiscaron en el puerto, con destino al extranjero; uno huyó a Francia; tres figuraban en ignorado paradero y el resto estaban en esa fecha en la prisión provincial de Almería.

Una familia logró ocultar la pieza más preciada de la Iglesia Parroquial, la imagen del Cristo de la Expiración, obra de Alonso de Mena, poco antes de que los jóvenes gamberros la emprendieran con las iglesias y, afortunadamente, el escaso patrimonio artístico y religioso de la población pudo ser salvado.

Años después, al regreso del exilio de uno de los autores de aquellos vandálicos hechos, comentaba que la quema de los templos sólo fue una chiquillada.

Los nombres de todos los que perdieron aquella contienda, que no fueron los de izquierda o de derechas, sino todos, están en la carpeta 'Los desastres de la Guerra'.

Quien los guardara allí, conocedor de la importancia que, para la historia de Adra, tenía el legajo que iniciara John Guntherson, puso una nota delante de todos los documentos de esta carpeta: "Si alguien la ve, puede contarlo, pero, por favor, hasta que la generación que lo vivió no haya desaparecido totalmente, dejen a unos y otros, descansar en paz".

Fin de las carpetas

Epílogo

Después de varios días de lectura, vi que asomaba el filo de un papel metido entre el forro del legajo. Tuve que despegar la cartulina y, con gran cuidado de no destrozar la pasta, logré sacar dos folios, escritos a mano con dos iniciales: J.G.

Allí contaba John Guntherson cómo llegó a Adra en la madrugada del 17 de julio de 1835, cuando navegaba como pasajero en el bergantín 'Sir Conrad Breiller'.

El fuerte temporal de poniente que se desató a la altura de Salobreña, hizo que se plegaran velas y prácticamente se esperase a que amainara, para seguir la travesía del buque que, con escala en Gibraltar, procedía de Inglaterra con dirección a Adra, Cartagena y Baleares.

Aprovechando la escala en la colonia británica, el profesor quiso indagar sobre si la imagen de Nuestra Señora de Europa, patrona de la ciudad, que estaba en Algeciras era la auténtica o fue cambiada por los españoles por una copia durante la larga estancia[69] de la escultura en esa ciudad, tras el asalto inglés

---

[69] La imagen estuvo en Algeciras desde 1704 a 1866. Antes de su devolución a Gibraltar, ya se sospechaba que la imagen original había salido de Algeciras, siendo sustituida por otra semejante, en previsión de la reclamación gibraltareña. Guntherson tendría noticias de eso, cuando treinta años antes del traslado, trató de investigar el caso.

a la Roca. No obtuvo respuesta y todos, tanto en Algeciras como en la colonia, pusieron en duda esa posibilidad, a pesar de los indicios que el historiador tenía.

Sin embargo, no salió contrariado de aquella bahía, como lo refleja en una de las carpetas del legado, en la que afirma haber descubierto el lugar exacto donde se encuentra, desde 1816, la auténtica Virgen de Europa.

Guntherson, que había leído lo que otros viajeros contaban sobre el Reino de Granada, quiso conocerlo en persona, aprovechando uno de los frecuentes viajes de buques ingleses desde el puerto de Southampton a la fundición de Adra. Con él venían en ese viaje, los ladrillos para la ampliación de la fábrica de San Andrés, según se indica en una Real Orden:

"Habiendo dado cuenta a S.M. la Reina Gobernadora, del expediente remitido con fecha 21 de julio ultimo, promovido por la Intendencia de Granada, en que con motivo de haberse presentado para su despacho en la aduana de Adra doce mil seiscientos cuarenta y nueve ladrillos preparados para la construcción de hornos de fundición, que la Casa de Sholt Hermanos ha hecho conducir de Inglaterra para su fábrica de plomos, ha dispuesto esa Dirección se permita la introducción de la expresada partida, pagando el quince por ciento de su valor; se ha servido Su Majestad aprobar uno y otro y manda que en lo sucesivo y hasta la publicación de un nuevo arancel, se admita esta clase de ladrillos con el mismo derecho de quince por ciento en bandera española y un tercio de aumento en extranjera o por tierra, pero con la condición de que se han de aplicar precisamente a las fábricas de fundiciones. Firmado: El Conde de Toreno."

El temporal remitió a la altura de La Rábita y con todo el velamen intacto y desplegado, el 'Sir Conrad Breiller', peinó el mar hasta situarse frente a la desembocadura del río Adra, en un día espléndido.

El viajero, profesor de Literatura Latina en Southampton, no podía creer lo que veía. Quedó deslumbrado por un paisaje agreste que, de pronto, formaba una serpenteante y ancha línea verde, mientras una sucesión de altas montañas y cerros iban diluyéndose hasta convertirse en arena en la playa, donde desaguaba un caudaloso río.

Guntherson, que escapaba del bullicio de la ciudad portuaria del sur de Inglaterra, había encontrado el lugar indicado para sus estudios antropológicos y de historia para conocer no sólo el Reino de Granada, sino las razones de muchos sucesos históricos de mayor ámbito.

Aceptó el empleo que le ofrecieron como traductor en la fábrica de San Andrés y pronto asumió tareas consulares para las legaciones de Dinamarca e Inglaterra.

Al poco tiempo, John Guntherson, hombre extrovertido y a la vez reservado, decidió quedarse en Adra, comprando una casa antigua en la calle de la Playa, a corta distancia de la fábrica, desde la que, para evadirse de la soledad, escribía cartas a todo el mundo, aprovechando la ocasión para divulgar cuanto llegaba de interés a su conocimiento sobre Adra, su historia y sus costumbres.

Después de encontrar el legado, indagué, sin revelar el fondo de mi interés, charlando con los viejos del pueblo, sin resultado positivo, hasta que uno, tras decirme que no sabía nada, siguió su camino, se paró en seco y, volviéndose, me llamó.

¿Guntherson, Guntherson? –Ah, Sí… No se si será verdad, pero recuerdo una historia de un viejo chalado extranjero que vivía en la Carrera al que le decían 'don Juan'. De él me hablaba mi abuelo, que se lo había contado su padre. Dicen que se llevaba estudiando desde la mañana a la noche, y preguntando y escribiendo cosas de Adra, hasta que se le fue la cabeza y un día, de la noche a la mañana, vendió o regaló la casa y se largó casi con lo puesto, en un landó que compró, dicen, en Madrid. ¿Para dónde? No lo sé. Seguramente para Granada. Estaba como loco por las cosas de los moros y La Alhambra.

Ampliación de Notas.

7.- Sobre un montículo que se adentraba en el mar, el Cerro de Montecristo guarda aún restos de la ciudad fenicia y romana de Abdera, a pesar del constante expolio. Aunque ahora apenas tiene una altitud de apenas 30 metros, en la época de su fundación debió tener no menos de 50, en pendiente escalonada que terminaba en su famoso puerto. Esas conjeturas mías se basan en que, en casi tres mil años se han sucedido centenares de avenidas del río, que han ido dejando sus sedimentos en la desembocadura y en la cimentación reciente de un bloque de viviendas frente al Cerro de Montecristo, -y como es habitual, sin control de los responsables de Cultura-, se toparon a unos diez metros de profundidad con los primeros restos de vasijas y otros objetos que fueron unos distribuidos entre los propios trabajadores y otros tapados con urgencia. Mantengo, no obstante, casi en solitario, que el principal núcleo de la renombrada ciudad romana de Abdera no estuvo en dicho cerro, sino que, naciendo y permaneciendo ahí, se expandió por sus alrededores, a uno y otro lados de las dos grandes embocaduras del río, por lo que faltan por localizar la calzada que conducía desde Gades a Cartago Nova y espacios públicos como el foro y el anfiteatro que, sin duda, existieron en Abdera.

Mujeres en las naves de Cristóbal Colón

"El Rey y la Reina: Por la presente damos licencia e facultad a vos, D. Cristóbal Colón, nuestro Almirante del Mar Océano, para que podáis tomar e toméis a sueldo fasta el número de trescientas y treinta personas para que estén en las Indias, de los oficios e formas siguientes: cuarenta escuderos, cien peones de guerra e de trabajo, treinta marineros, treinta grumetes, veinte lavadores de oro, cincuenta labradores, diez hortelanos, veinte oficiales de todos oficios, treinta mujeres, que son todas las dichas trescientas e treinta personas."

Capitulaciones entre los Reyes Católicos y el Rey Boabdil

-[14] "Primeramente es asentado é concordado quel dicho rey de Granada é los alcaides é alfaquís é alcadis, é alguaciles, mofties, viejos é buenos hombres é comunidad, chicos é grandes de la cibdad de Granada é del Albaicin é sus arrabales hayan de entregar é entreguen á sus Altezas ó á su cierto mandado pacíficamente y en concordia, realmente é con efeto, dentro de sesenta y cinco días primeros siguientes que se cuentan desde veinticinco días deste mes de noviembre, que es el día del asiento desta escriptura é capitulación, las fortalezas del Alhambra é Albaicin é puertas é torres, é otras puertas de la dicha cibdad o de la tierra della, é de las otras puertas que sus Altezas han de haber, é entran en este dicho asiento é capitulación, apoderando á sus Altezas ó á sus capitanes é gentes é cierto mandado, en lo alto é en lo bajo de todo ello, á toda su libre é entera é real voluntad. E darán é prestarán á sus Altezas aquella obediencia de lealtad é fidelidad, é darán é cumplirán todo lo que buenos é leales vasallos deben é son obligados á su rey é reina é señores naturales. E para la seguridad de la dicha entrega, entregará el dicho rey Muley Baudilio é los dichos alcaides é otras personas susodichas á sus Altezas un día antes de la entrega de dicha Alhambra, en este real en poder de sus Altezas quinientas personas con el alguacil Yusuf Abén Cominea, de los hijos ó hermanos de los principales de dicha cibdad, é su Albaicin é arrabales, para que estén en rehenes en poder de sus Altezas por término de diez días en tanto que las dichas fortalezas del Alhambra é Albaicin se reparan é proveen é fortalecen: é cumplido el dicho término que sus Altezas hayan de entregar é entreguen libremente los dichos rehenes al dicho rey de Granada, é á la dicha cibdad é su Albaicin é arrabales, é que durante el tiempo que los dichos rehenes estuvieren en poder de sus Altezas, les mandarán tratar muy bien é les mandarán dar todas las cosas que para su mantenimiento hubieren menester; é que cumpliéndose las cosas susodichas é cada una de ellas segunda en la manera que hache se contienen, que sus Altezas é el señor príncipe don Juan su fijo é sus decendientes tomarán é recibirán al dicho rey Muley Baaudili, é á los dichos alcaides, alcadis, alfaquíes, sabios, mofties, alguaciles y caballeros, é escuderos é comunidad chicos é grandes, machos é hembras, vecinos de la dicha cibdad de Granada, é del dicho Albaicin, é de sus arrabales é villas é logares de su tierra é de las Alpujarras é de las otras tierras que entraren en este asiento é capitulacion de cualquier estado ó condición que sean, por sus vasallos, é subditos, naturales é so su amparo é seguro é defendimiento Real, é les dejarán é mandarán dejar é sus casas é faciendas é bienes muebles é raices agora é en todo tiempo para siempre jamás, sin que les sea fecho mal nin daño nin desaguisado alguno contra justicia, nin les será tomada cosa alguna de lo suyo; antes serán de sus Altezas é de sus gentes honrados é favorescidos é bien tratados como servidores é vasallos suyos.

2. Item, es asentado é concordado quel día que fuesen entregadas á sus Altezas la dicha Alhambra é Alhizan é otras fuerzas é puertas según dicho es que sus Altezas mandarán entregar al dicho rey Muley Baaudili libremente al infante su fijo que está en poder de sus Altezas é á las personas de sus servidores e servidoras que con ellos entraron que non se hayan tornado cristianos.

3. Item, es asentado é concordado que cumpliendo el dicho rey Muley Baaddili las cosas susodichas segund que aqui se contiene, que sus Altezas hayan de facer é agan merced al dicho rey Muley Baaudili por juro de heredad para siempre jamás, para él é para sus fijos é nietos é viznietos é herederos é subcesores de las villas é logares de las tahas de Verja, é Dalia, é Marxena, é el Bolloduy é Luchar, é Andarax é Subilis, é Uxixar é Orgiba é el Jubeyel é Poqueyra é de todos los pechos é derechos é otras rentas en cualquier manera á sus Altezas pertenescientes en las dichas tahas é villas é logares é de otras cualesquier cosas que á sus Altezas pertenescen en las dichas tahas así poblado como despoblado, é de todas las herencias en las dichas villas é lugares de las dichas tahas á sus Altezas pertenescientes, para que sea

todo suyo é de los dichos sus fijos é nietos é viznietos é
herederos é subcesores, por juro de heredad para siempre jamás y
para que pueda gozar é goce de todas las dichas rentas é diezmos
é pechos é derechos é rentas é herencias é de la justicia de las
dichas villas é logares, como señor de todo ello, como buen
vasallo é subdito de sus Altezas, agora é en todo tiempo para
siempre jamás sin que ninguno le pueda quitar de ello, salvo que
sea todo propio del dicho rey Muley Baabdili, é que lo pueda
todo vender, empeñar, é facer é desfacer de todo ello todo lo que
quisiere; contando que cuando lo quisiere vender ó enajenar sean
primeramente requeridos sus Altezas si lo quieren comprar; é si
comprarlo quisieren le manden dar sus Altezas por ello lo que
entre sus Altezas y el dicho rey fuere convenido. E si sus Altezas
non lo quisieren comprar, que lo dejen vender á quien quisiere é
por bien toviere. E que sus Altezas puedan labrar é tener la
fortaleza de Adra é otras cualesquier fortalezas é torres en la
costa de la mar, donde quisieren é por bien tuvieren. E que si sus
Altezas quisieren labrar la dicha fortaleza de Adra junto con el
agua en el puerto de Adra, que en tal caso la dicha fortaleza de
Adra quede para el dicho rey Muley Baaudili, después de reparada
é fortalecida la dicha fortaleza que sus Altezas quisieren labrar en
el dicho puerto á par de agua. E que en tanto que se labra y
fortalece tengan la dicha fortaleza de Adra sus Altezas é que cosa
alguna de la costa é gastos que entraren en la labor de las dichas
fortalezas é torres que sus Altezas quisieren labrar é tener en la
dicha ribera del mar, nin en la tenencia nin guarda de ellas non
haya de pagar nin pague el dicho rey Muley Baaudili, salvo que
todas las dichas rentas de las dichas tahas é tierras queden
desembargadamente al dicho rey Muley Baabdili. E que si de
algunas cosas de las mercedes susodichas sus Altezas hobieren
fecho merced á otras algunas personas que las tales mercedes
non valgan é que sus Altezas las revocan é dan por ningunas é de
ningún valor ni efeto, é que sus Altezas satisfagan si les pluguiese
á las tales personas é que las dichas mercedes que ansi sus Altezas
las revocam é dan por ningunas é de ningún valor é efeto, é que
.sus Altezas satisfagan si les pluguiere á las tales personas. E que

las dichas mercedes que ansi sus Altezas hacen al dicho rey Muley Baaudili sean valederas para agora é para siempre jamás, segund é en la manera que aqui se contiene, sin embargo nin contrario alguno.

4. Item, es «sentado é concordado que hagan sus Altezas merced al dicho rey Muley Baaudili de treinta mil castellanos de oro en que montan 14 cuentos é 550,000 maravedís, los cuales sus Altezas mandarán pagar luego que les fuere entregada el Alhambra é las otras fuerzas e la cibdad de Granada, que se han de entregar al término susodicho.

5. Item, es asentado é concordado que sus Altezas hayan de facer é fagan asimismo merced al dicho rey Muley Baabdili de todos los heredamientos é molinos de aceite é huertas é tierras é hazas quel dicho rey hobo fasta en tiempo del rey Muley Albuhacen, su padre, y les tiene y posee así en los términos de la cibdad de Granada como en las Alpujarras, para que sea todo suyo é de sus fijos é nietos é viznietos é herederos é subcesores por juro de heredad para siempre jamás, é para que lo puedan vender é facer é desfacer por la via é manera segund se contiene en lo de las dichas tahas, con tanto que non sean de las que los reyes de Granada tenian é poseían como reyes della.

6. Ítem, es asentado é concordado que sus Altezas hayan de facer y fagan así mismo merced á las reinas su madre y hermanas é á la reina su muger é á la muger de Muley Buhaizar de todas sus huertas é tierras é hacías é molinos é baños é heredamientos que tienen en los dichos términos de la dicha cibdad de Granada é en las Alpujarras, para que todo sea suyo é de sus herederos é subcesores por juro de heredad para siempre jamás, y lo puedan vender ó traspasar é gozar segund é por la forma e manera que los dichos heredamientos del dicho rey.

7. Item, es asentado é concordado que todos los dichos heredamientos del dicho rey é de las dichas reinas é de la dicha muger del dicho Muley Bulnazar sean libres é francos de todos

derechos, segund que fasta aquí lo eran para agora é siempre jamás.

8. ítem, es asentado é concordado que den al dicho rey é á las dichas reinas las faciendas que tienen en Motril é así mismo que den á Alhaje Romayne la facienda que tiene en la dicha Motril para que le valgan é sean guardadas para agora é para siempre jamás segund que las otras mercedes susodichas.

9. Item, es asentado é concordado que si de aquí adelante después de firmado este dicho asiento cualesquier de las dichas villas é logares de las dichas tahas se dieren ó entregaren á sus Altezas antes del dicho término de la dicha entrega de la dicha Alhambra que sus Altezas lo manden tornar é restituir libremente al dicho rey Muley Baaudili é que sean por el dicho rey bien tratados.

10. ítem, es asentado é concordado que sus Altezas é sus descendientes para siempre jamás non mandarán tornar Nin volver al dicho rey de Granada Nin á sus servidores é criados lo que tienen tomado en su tiempo, ansí á cristianos como á moros, ansí de bienes como de heredades; é que si algunas de las heredades que ansí hayan tomado hobieren sus Altezas de mandar volver por algún asiento é capitulación que sus Altezas tengan con algunas personas, que sus Altezas paguen si les pluguiere á aquel que ansí tuviere la dicha heredad, y que sus Altezas mandarán que non tengan poder sobre esto ningund cristiano nin moro, ora sea mucho ó poco, é que quien fuere contra ello que sus Altezas le manden castigar: que contra esto non sea juzgado por ninguna ley nin de cristianos nin de moros.

11. Ítem, es asentado é concordado que cada é cuando el dicho rey Muley Baudilio é las dichas reinas é la dicha muger del dicho Bulnazar, é sus hijos é nietos é descendientes é sus alcaides é criados é sus mugeres é los de su casa, é sus criados é caballeros, é escuderos é otras personas, chicos é grandes de su casa quisieren pasar allende, que sus Altezas les manden fletar agora é después de agora en cualquier tiempo ¡ara siempre jamás

para en que pasen allende ellos é las dichas personas, machos, é hembras, dos carracas de genoveses si las hubiere desde el puerto de Adra, tiempo que se requiriesen pasar sino cuando los hobiere, les mande dar é den las dichas dos carracas libres é francas de todos los fletes é derechos, para en que lleven sus personas é todos sus bienes é ropas é mercaderías, é oro é plata é joyas é bestias é armas, non llevando tiros de pólvora nin grandes nin pequeños. E que por el embarcar é desembarcar nin por otra cosa non les llevarán nin mandarán llevar sus Altezas los dichos derechos é fletes nin otra cosa alguna; é que las mandarán llevar seguros é honrados é guardados é bien tratados á cualquier puerto de los conoscidos de la mar é poniente de Alejandría ó de la cibdad de Túnez ó de Oran ó de los puertos de Fez donde mas quisieren desembarcar.

12. Item, es asentado é concordado que si al dicho tiempo que pasaren non pudieren vender el dicho rey é los dichos sus fijos é nietos é biznietos é decendientes é las dichas reinas é la dicha su muger del dicho Muley Bulnazar é los dichos sus alcaides é criados é servidores algunos de los dichos sus bienes raíces que puedan dejar é dejen procuradores por si que cojan é resciban las rentas de ellos é lo lleven libremente á las partes é tierras donde quisiesen, libre sin embargo alguno.

13. Item, es asentado é concordado que si el dicho rey Muley Baabdili quisiere enviar á algunos de sus criados é alcaides allende con mercaderías é otras cosas de sus rentas, que lo pueda enviar libremente sin que en la ida é estada é tornada le sea pedido cosa alguna.

14. Item, es asentado é concordado quel dicho rey pueda enviar á cualesquier partes de los reinos de sus Altezas seis acémilas francas por cosas para su mantenimiento é proveimiento las cuales sean francas en todos los puertos donde sacaren é compraren lo que así truxieren para el dicho su mantenimiento é proveimiento; é que en las dichas cibdades,

villas é logares nin en los puertos non les sean llevados derechos algunos.

15. Item, es asentado é concordado que saliendo el dicho rey Muley Baabdili de la dicha cibdad de Granada que pueda morar é more donde quisiere de las dichas tierras que sus Altezas le facen merced é salga con sus criados e alcaides é sabios, é alcadis é caballeros é común que quisieren salir con él é lleven sus caballos é bestias é sus armas en sus manos como quisieren, é asimismo sus mugeres é criados é criadas chicos é grandes: que non les tomarán cosa alguna de todo ello ecepto los tiros de pólvora que han de quedar para sus Altezas segund dicho es, é que agora nin en ningund tiempo para siempre jamás á ellos nin á sus decendientes non les pongan señales en sus ropas nin en otra manera é gozen de todas las cosas contenidas en la capitulacion de la dicha cibdad de Granada.

16. Item, es asentado y concordado que de todo lo que dicho es les manden dar sus Altezas é den al dicho rey Muley Baaudili é á las dichas reinas é á la dicha muger de Muley Bulnazar el día que entregare á sus Altezas la dicha Alhambra é fuerzas segund dicho es sus cartas de privilejos fuertes é firmes rodados é sellados con su sello de plomo pendiente de filos de seda confirmado del dicho señor Príncipe don Juan su fijo é del reverendísimo cardenal de España é de los maestres de las órdenes é de los perlados é arzobispos é obispos é Grandes é Marqueses é Condes é adelantados é notarios mayores en forma de todas las cosas aqui contenidas para que valan é sean firmes é valederas agora é en todo tiempo para siempre jamás, segund é en la manera que aquí se contienen é que ansí al rey como alas dichas reinas y cualquier dellos sus Altezas manden dar su escriptura é privilejio por sí á cada uno dellos de lo que le pertenesce.

Nos el rey é la reina de Castilla, de León, de Aragón, de Sicilia, etc., por la presente seguramos é prometemos por nuestra fe é palabra real de tener é guardar y cumplir todo lo contenido en esta capitulacion, en lo que a Nos toca é incumbe realmente é con efeto á los plazos é términos, é segund en la manera que en esta capitulacion se contiene, é cada cosa é parte dello sin fraude alguno. E por seguridad de ello mandamos dar la presente firmada de nuestros nombres é sellada con nuestro sello. Fecha en el nuestro Real de la Vega de Granada á 23 días del mes de noviembre, año 1591. Yo el Rey. —Yo la Reina. —Yo Fernando de Zafra, secretario del Rey é de la Reina nuestros señores la fice escribir por su mandado.

Cargamento en las naos de las Indias

[16] Otra prueba de esa minuciosidad, la ofrece la Cédula Real de 9 de abril de 1495, sobre lo que deben llevar cuatro carabelas: "Primeramente ciento ochenta cahices de trigo; cincuenta de cebada; sesenta toneles de vino, el cual ha de ir en jarras, porque en toneles diz que se pierde; diez toneles de vinagre; seis toneles de aceite, el cual ha de ir en jarras; seiscientos e cincuenta tocinos; cincuenta quintales de higos; pescado salado de todas suertes, treinta mil maravedís; treinta cahices de Faras e garbanzos; trescientos e sesenta quintales de bizcocho; seis yeguas, cuatro asnos e dos asnas; cuatro becerros e dos becerras; cien cabezas de ganado menudo; doscientas gallinas; cien puercos, los ochenta puercas y veinte puercos; conejos vivos los que pareciere que deben ir; cien abonas para hacer algunas velas; alcotanas e Villa de Conde para facer velas para las fustas que agora se cacen; cien quintales de pez; De sebo, treinta quintales; Estopa, treinta quintales; dos chinchorros; dos pares de fuelles de fierro, grandes; para muchas menudencias que allá son menester, trescientos mil maravedís; de ciertas mimbres para las vasijas, seis mil maravedís; para menudencias, azúcar e almendras e arroz, cuarenta mil maravedís; es menester llevar cuatro toneles o pipas de sarmientos con su tierra; arroz e mijo para sembrar; diez o doce labradores, maestro de facer ballestas; un maestro que sepa facer molinos; conocedores de minería e labradores; físico e cirujano e boticario; dos toneleros; un ferrador; maestros de todos los oficios porque los que allá están se quieren venir;

alanos e mastines para guardar los géneros e para la guarda de la gente; algunos carneros e vacas; hortelanos que vendan lo que hubiere al precio que les fuere puesto; dos tinajeros en el número de los oficios; pescadores para pescar e algunos barcos para pescadores y éstos se deben labrar en Sevilla; mas doscientas varas de angeos para colchones para el hospital. –Está señalado del Comendador Mayor e del doctor de Talavera e de Fernand Álvarez.

La Armada de Vizcaya y su formación

[19] "Primeramente otorgaron e juraron e ficieron pleito homenaje todos cuatro Martín Pérez de Faganza, e Juan Pérez de Loyola, e Antón de la Izola, e Juan Martínez de Amezqueta, que obedecerán al Capitán General e cumplirán sus mandamientos, en lo que toca a su oficio de Capitanía, como si el Rey e la Reina se lo mandasen; e asimismo el dicho Capitán juró de los honrar e guardar, a él e ellos de tratar bien a la gente.

El Capitán Iñigo de Artieta e los otros capitanes obligáronse e ficieron pleito homenaje e juraron de guardar el servicio del Rey e de la reina nuestros señores, e de cumplir sus cartas e mandamientos en todo e por todo como les fuere mandado, e de facer guerra e paz, e de guardar las naciones, e tierras e fustas, e mercadurías que sus Altezas les mandasen guardar, e que donde vieren o supieren ser servidos lo allegarán e donde supieren o vieren deservicio lo defenderán con todas sus fuerzas".

[21] "Pagando la soldada e acostamiento de la gente a razón: De los Marineros a seis mil por año, e los hombres de armas a cinco mil, e pagando los salarios de las Capitanías, Almirante mayor a razón de cincuenta mil por año, e a Martín Pérez de Faganza, capitán de la nao de 400 toneles a razón de treinta mil" cantidades que también cobrarían los capitanes Juan Pérez de Loyola y Antón Pérez de la Izola, mientras que Juan Martínez de Amezqueta cobraría veinte mil.

[22] El flete de la carraca y las naos sería de 120 mrs. por tonelada más y los salarios de los pilotos, cirujanos, trompetas e capellán "e otras cosas menudas, lo cual todo es el gasto ordinario, e ya non contando pertrechos ni armas, ni pelotas, ni palas, ni azadones, ni otras cosas menudas, ni pólvora, fasta que den cuenta de la que recibieron".

www.ingramcontent.com/pod-product-compliance
Lightning Source LLC
La Vergne TN
LVHW051521080426
835509LV00017B/2148